Shuwasystem Business Guide Book

How-nual

最新 コーチングの手法と実践がよ〜くわかる本

「人を動かす力」が身に付く虎の巻！

[第3版]

谷口祥子 著

秀和システム

コーチングの手法と実践がよ～くわかる本 [第3版]

図解入門ビジネス最新

コーチングの世界へようこそ！コーチングは、人の力を引き出し輝かせる素晴らしいメソッド。他人に対しても自分に対しても用いることができ、仕事の成果を上げられるばかりでなく、そのスキルを習得することで、人間関係を飛躍的にスムーズにすることができます。

2つの大きなメリット

人の力を引き出せる

相手に対して特殊なインタビューを行うことによって、人の持つ力や想いをどんどん引き出すコーチング。考える力、行動する力を育てることで、相手の自発性を尊重しながら仕事の成果を上げることができます。

コミュニケーション力が飛躍的にUP

コーチングスキルを学ぶことで、相手から信頼され、安心して自発的に話してもらえるようになります。

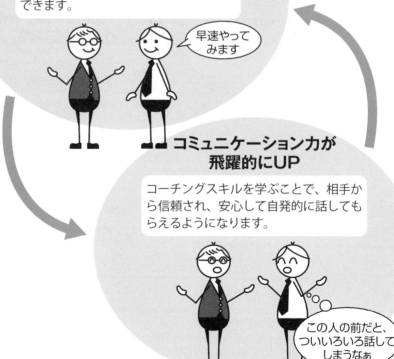

コーチングの基本を知りたい

第1章
「コーチングとは？」
通常の部下指導との違いやカウンセリングやコンサルティングとの違い、導入により得られる効果について解説しています。

第2章
「コーチングの手順」
はじめる前の準備から、セッションの流れまでを分かりやすくまとめました。

第3章
「コーチングの基本スキル」
傾聴・承認・質問・フィードバックの4大スキルを詳しく解説しています。

第4章
「コミュニケーションの基礎づくり」
セッションの成果を最大にする、コミュニケーションのコツをまとめました。

どんなことに使えるの？

第5章
「上司・部下間のコミュニケーション」部下の自発性を引き出し、仕事の成果を上げるコツをまとめました。

第6章
「営業・接客・サービス職向け活用術」顧客の心を開き、最大の価値を提供するためのポイントをお伝えします。

第7章
「教育現場・子育て向け活用術」子供が自分らしくのびのびと成長するための関わり方をお届けします。

もっと腕を磨きたい

第8章
「発想力を豊かにするコーチング」
クライアントが自分の力でどんどんアイデアを生み出せるようになる働きかけ方を学びます。

第9章
「自分を向上させるために」
成果を出せるコーチになるために取り組むべきことをまとめました。

さらに深く学びたい

第10章
「コーチングを生み出した心理学・カウンセリング手法」

第11章
「コーチが学んでいる心理学メソッド・関連手法」

はじめに

コーチングが日本に上陸してから約20年。企業の管理職研修に欠かせない定番プログラムとなり、書店にはコーチングコーナーが設置されるようになりました。このようにコーチングが広く認知され、その目覚しい効果を実感されている方が増えているのは、とてもうれしいことです。

私がコーチングに出会ったのは35歳の時。生まれつき人付き合いが苦手なんだと思っていた私ですが、コーチングを学ぶ中で、それまで"話すこと"ばかりに意識を向けていて、人の話を聴いていなかったことにはじめて気がついたのです。

コーチングの手法を使って話を聴くことで、ほんの数分で人と仲良くなれることを体験し、私は大きな衝撃を受けました。そして私自身もコーチングを受けることで潜在能力が引き出され、セルフイメージも大きく拡大したと感じています。

このようにコーチングを受け、学ぶことで、その絶大な効果を実感したからこそ、私はコーチングやコミュニケーションのプロとして活動する道を選びました。

"人の話を聴く"というのは、ただ"黙っている"ことではなく、"相手を主役にした会話"をするということ。相手が何を大切にし、何を考え、何を求めているのか…。ビジネスの現場でも、友人や家族との関わりでも、そんな風に相手に対して誠実な好奇心を向けることができたなら、人が当たり前のようにお互いを思いやり、サポートしあうことのできる、素晴らしい社会になるでしょう。

私は一人でも多くの人がコーチングの魅力に触れ、日本にしっかりコーチングのフィロソフィーが根付き、すべての人が自分らしく幸せな人生を生きられることを、心より願ってやみません。

2016年9月

著者 谷口 祥子

目次

Contents

はじめに 4

第1章　コーチングとは

1-1　コーチングとは？ 16
組織のマネジメントにも自己実現にも必要不可欠な会話術

1-2　コーチングが定着した理由 18
なぜコーチングは中間管理職の負担を軽減できるのか

1-3　脳科学で見る、コーチングの効果 20
思い込みに気づき、やる気が出る。なぜ会話で脳が目覚めるのか

1-4　コーチングとティーチング 22
うまく使い分けて、部下を育てるコツ

1-5　カウンセリングとの違い 24
コーチングとカウンセリング。その相違点と活用のポイント

1-6　コンサルティングとの違い 26
コーチがどんな業界にも対応できる、その理由とは？

1-7　コーチングのポジションと役割 28
コーチングが組織や社会に変化をもたらした理由を解明する

1-8　自問自答の効果 30
困った堂々巡りを見事に解消するコーチングのメカニズム

1-9　コーチングの基本は、相手を認めること 32
人間関係をつくっている心のしくみと、好意がもたらす心理学的作用

1-10　棚卸効果 34
どんな人でも持っている、宝物の見つけ方

1-11　対等なパートナー 36
上下関係をなくすからこそ得られるものがある

1-12　コーチに求められる資質 38
対人援助職が陥りがちな問題点と、成果を出すための心の持ち方

第2章　コーチングの手順

2-1 コーチングを使い始める 42
まずは最初が肝心！始める前に必ずやっておくべきこと

2-2 時間とスペースの確保 44
相手の気持ちに配慮した、セッティングのポイントとは？

2-3 リラックスしてもらう 46
相手の心を開く、スタート時の会話の心得

2-4 現状整理─セッションの進め方：ステップ① 48
具体的かつ客観的な事実を把握するために、はずせないこと

2-5 目標設定─セッションの進め方：ステップ② 50
クライアントのやる気に断然差がつく、話の聴き方

2-6 リソースの発掘─セッションの進め方：ステップ③ 52
目標に向かって進んでいくための、武器の見つけ方

2-7 アクションプランづくり─セッションの進め方：ステップ④ 54
最初の第一歩を踏み出しやすくするのには、コツがある

2-8 リマインダーを設定する 56
「思い出す」しくみをつくるだけで、成果が変わる

2-9 とにかく練習する 58
性格や才能ではなく、誰でも身に着けられるスキル

第3章　コーチングの基本スキル

3-1 傾聴と反応のスキル─話しやすい環境づくり① 64
黙っていることが、"聴く"ことだと思っていませんか？

3-2 ペーシングとミラーリング─話しやすい環境づくり② 66
心を開いて話してもらうカギは、一体感や居心地のよさ

3-3 傾聴を妨げる要素をなくすには？ 68
"頭の中の会話"に気づいていますか？

3-4 承認のスキル─相手を力づける 70
クライアントが自信を深める、言葉がけのコツ

3-5 フィードバックのスキル─気付きを提供する 72
成果を出すポイントは"本心"に気づいてもらうこと

| 3-6 | パワフル・クエスチョン―視野を広げる質問 | 74 |

シンプルな質問こそが、大きな変化を起こす

| 3-7 | 未来志向と解決志向の質問―可能性を引き出す質問 | 76 |

あなたの質問は"尋問"になっていませんか？

| 3-8 | 具体化のスキル―望みを明確にする質問 | 78 |

問題解決も夢の実現も、この積み重ねから

| 3-9 | 五感に問いかける―心の声を引き出す質問 | 80 |

見て、聞いて、感じることで、本心に気づく

| 3-10 | リフレーミングのスキル―視点を変える質問 | 82 |

考え方ひとつで、問題もリソースになる

| 3-11 | 外在化のスキル―客観視を促す質問 | 84 |

問題と人を切り離すと、解決しやすくなる

| 3-12 | 提案と意見 | 86 |

クライアントの自発性を妨げない、提案のしかた

第4章　コミュニケーションの基礎づくり

| 4-1 | 相手に関心を持つ | 90 |

相手のことを、どのくらい知っていますか？

| 4-2 | とことん聴いてもらう効果 | 92 |

相手の心が軽くなり、自己肯定感が高まる聴き方

| 4-3 | 先入観を手放す | 94 |

"こういう人だ"という思い込みが壁をつくる

| 4-4 | 事柄ではなく人に焦点をあてる | 96 |

知らない話題が出ても、もうこわくない

| 4-5 | 自分を空っぽにする | 98 |

相手をありのまま受け止めるには、どうすればいい？

| 4-6 | 相手に意識のベクトルを向ける | 100 |

会話が苦手なのは、自分に意識が向いているせい

| 4-7 | 話しやすい環境づくりとは | 102 |

どんな人とも"ノリが合う"人になるコツ

| 4-8 | インタビュー力が距離を縮める | 104 |

スキルを身につければ、初対面でも会話が弾む

4-9 言いにくいことを言いやすく......................................106
コーチングスキルで"叱り上手"になる

4-10 型から入って人の素晴らしさを知る........................108
人との関係性が変わるのは、あなたの印象が変わるから

第5章　上司・部下間のコミュニケーション

5-1 レッテル効果を活用する..................................114
「この人は私に一目置いてくれている」と思わせる方法

5-2 イメージを具体化する....................................116
部下が行動せずにはいられなくなる、未来像のつくり方

5-3 自発性を引き出す..118
人によって異なる、やる気のツボを見つける

5-4 問題ではなく、解決に焦点をあてる......................120
前に進めないのは、未来に目が向いていないから

5-5 コミットする効果......................................122
やらされ感をなくし、責任感を育てる方法とは？

5-6 現状を数値化する......................................124
自信と問題意識を同時に持たせる、質問のスキル

5-7 会話の内容を明確化する................................126
あいまいな言葉を放置すると、認識のズレが生まれる

5-8 習慣的行動の根っこを見つける........................128
頭ごなしに叱らずに、「どうして？」と興味を持つ

5-9 部下の心を開くほめ方─心に響くほめ方とは...........130
ほめ上手になるために、身に着けたい習慣

5-10 相手の心を開くほめ方─①ほめ効果を高める.............132
場所を選べば、ほめ効果は倍増する

5-11 相手の心を開くほめ方─②目上の人をほめる.............134
相手を"評価"しない、ぶしつけにならないほめ方

5-12 効果的な叱り方......................................136
相手への期待感を伝えれば、かえってキョリが縮まる

5-13	能力を引き出す美点凝視	138

「人生を変えてくれた恩人なんです」と言われる人の共通点

5-14	新しい現場で効果的に関わる	140

こうすれば"知らない"ということが、強みになる

5-15	メンターとしての資質を高める	142

気づきを与えることが、大きな成長につながる

5-16	新入社員の定着率を高める	144

短時間でも、効果的なコミュニケーションを取るには？

5-17	上司との関わり方	146

信頼され可愛がられる部下になる、会話の盛り上げ方

5-18	職場の雰囲気をプラスに変える	148

あなたの会話が、組織を変える第一歩になる

5-19	優秀な人材を育てるには	150

目の前の仕事を"自分ごと"にする関わり方

第6章　営業・接客・サービス職向け活用術

6-1	医療機関で効果的な治療を行う	154

生活習慣病の改善は、自発性を引き出すことがカギ

6-2	相手の要望を引き出す	156

コーチングを使って、説得ではなく、納得してもらう

6-3	商品がもたらすドラマをみせる	158

輝く未来がイメージできれば、心は動く

6-4	相手に合わせる	160

安心感を提供し、味方だと思ってもらえる関わり方のコツ

6-5	相手に貢献する	162

「あなたの役に立ちたい」という気持ちが心をつかむ

6-6	否定しないで、認める	164

謙遜しようとする習慣をうまく活かす

6-7	言い訳に反応しない	166

「お金がない」は本当の理由ではない

第7章　教育現場・子育て向け活用術

7-1　コミュニケーションのお手本を見せる 172
子供にとって、一番の先生は両親です。

7-2　家庭環境がガラリと変わる 174
あなたのまなざしや、あいさつひとつで、家族が変わる

7-3　モンスターペアレントへの対処法 176
どうして彼らは理不尽なことを言うのか

7-4　どうすればできるか？ 178
「どうしてできなかったの？」と聞くから、言い訳が出る

7-5　一緒に学びの場をつくる 180
考える習慣とアウトプットが、学びを深める

7-6　子供を信じる 182
「あなたならできる」が伝わると、チャレンジする子に育つ

7-7　自律意識を持たせる 184
まずは大人から、他人のせいにするのをやめてみる

7-8　長所を伸ばす 186
短所を非難するのではなく、長所を認めよう

7-9　効果的な叱り方 188
子供が反発したり、落ち込んだりしない、建設的な叱り方

7-10　プラスのストロークを与える 190
子供がしあわせに育つ、大人の関わり方

第8章　発想力を豊かにするコーチング

8-1　成功体験を振り返る 194
壁にぶつかった時や不安な時に、即効性のある関わり方

8-2　視点を変える 196
いつもの枠から外に出ると、新しい発見がある

8-3　「できる」「ある」という前提 198
クライアントに逃げ道を与えない方法とは

8-4　未来の自分からアドバイスをもらう 200
なりきることで、思いがけないアイデアが出る

第9章　自分を向上させるために

9-1　相手を主役にする 206
相手を知り、好印象を与える、シンプルな方法

9-2　自分の枠を越える 208
ちょっとしたチャレンジが新しい明日をつくる

9-3　己を知る 210
自分との対話が最強のメンテナンス

9-4　セルフイメージの変革 212
コーチ自ら、変われることを証明しよう

9-5　宣言することの効果 214
ひとりじゃないって、いろんな意味で素敵なこと

9-6　成果を挙げる自発力 216
人間関係も、未来も、あなたの思考が出発点

9-7　体験がいいコーチをつくる 218
質のいいコーチングを受けることが、上達の近道

9-8　自分が変われば世界も変わる 220
「まわりの対応が違う」と思ったら、あなたが変わった証拠

9-9　観察力で人間関係を向上 222
関係性を変えるのは、あなたの温かいまなざし

第10章　コーチングを生み出した心理学・カウンセリング手法

10-1　来談者中心療法 226
クライアントの体験を尊重し、共感的理解を重んじる

10-2　アドラー心理学 228
劣等感は成長のためにあると考える

10-3　ゲシュタルト療法 230
未完結の問題を再体験して解決に導く

10-4　NLP（神経言語プログラミング） 232
3人の天才セラピストの技術を体系化

10-5　ブリーフセラピー（短期家族療法） 234
問題の原因を探らないカウンセリング

10-6 ソリューション・フォーカスト・アプローチ 236
うまくいっていることや解決に目を向ける

10-7 ナラティブ・セラピー 238
問題を生み出しているストーリーを書き換える

第11章　コーチが学んでいる心理学メソッド・関連手法

11-1 グループ・コーチングとアクション・ラーニング 242
1人の課題をみんなで解決する

11-2 ファシリテーションとプロジェクトファシリテーション 244
中立の立場で会議やプロジェクトを運営する

11-3 EQ 246
ビジネスに必要な心の知能指数

11-4 アファメーション 248
望ましい状態を手に入れるための言葉の習慣

11-5 ソース 250
自分の中にある"ワクワクの源泉"を見つける

11-6 ストレングスファインダー 252
34個ある人の強みの中から、自分の強みTOP5が分かる

11-7 インプロ 254
コミュニケーション能力や自己表現力を磨く、役者のためのメソッド

11-8 交流分析 256
人のパーソナリティと人との関係性の理解に役立つ

11-9 トランスパーソナル心理学 258
個人の自己実現を超えた変化成長を志向する

11-10 アサーション 260
自分も相手も大切にした関わり方を身に着ける

11-11 ハコミセラピー（マインドフルネス） 262
安心安全な環境の中で自分と向き合う

11-12 フォーカシング 264
身体の感覚を通じて、心の声を聴く

目次

11-13 ヒプノセラピー（催眠療法）...266
潜在意識にアプローチして深い気づきを得る

11-14 瞑想とグラウンディング 268
自分とつながり、大地とつながる

参考文献 272

索引...275

Column 目次

Column1 感情とうまくつきあう方法 60
Column2 クライアントを主役にする 61
Column3 夢が実現しない本当の理由............................. 110
Column4 幼い頃の自分を癒す 111
Column5 「解決できる問題しか現れない」の真実とは？...... 168
Column6 あなたのミッションは？ 169
Column7 成し遂げる力のある子に育てるには.............. 202
Column8 すべての行動には肯定的な意図がある 203
Column9 非言語のメッセージ 270

●注意
(1) 本書は著者が独自に調査した結果を出版したものです。
(2) 本書は内容について万全を期して作成いたしましたが、万一、ご不審な点や誤り、記載漏れ
などお気付きの点がありましたら、出版元まで書面にてご連絡ください。
(3) 本書の内容に関して運用した結果の影響については、上記(2)項にかかわらず責任を負いかね
ます。あらかじめご了承ください。
(4) 本書の全部または一部について、出版元から文書による承諾を得ずに複製することは禁じら
れています。
(5) 本書に登場するニュースや資料の例は、サンプルとして著者が作成したものです。書かれた
内容は架空のもの、または、事実と異なる場合がある旨、あらかじめご了承ください。

第1章 コーチングとは？

組織のマネージメント・スキルとして定着してきたコーチング。この章ではコーチングとはどんな手法なのか、そしてどんな効果が得られるのかを解説。また通常の指示命令との違い、カウンセリングやコンサルティングといった手法との相違点についてもひも解いていきます。

人からアドバイスされると…

うまい人の真似してみたら？

朝礼のスピーチがすごく苦手で…

みんなカボチャだと思えばいいじゃん。

手のひらに「人」って書いて飲むといいよ。

そんなのとっくの昔に試してみたよ～。相談するんじゃなかったぁ。

人に相談してみたものの、的外れだったり、役に立たなかったり、ありがた迷惑なアドバイスだったりした経験がありませんか？

ただ聴いてくれる人がいたら…

聴いてくれる人がいると、
相手に分かるように伝えようとするので頭の整理ができます。
すると問題の本質や、忘れていたリソースに気付くのです。

効果的な聴き方をすることで、
人が自分の中に持っている答えを引き出すことができます。

1-1 コーチングとは？

組織におけるマネージメント・スキルや、個人の自己実現のためのサービスとして、かなり普及の進んだコーチングですが、その背景には、人類愛に立脚した大切なフィロソフィーがあります。

コーチングの起こり

コーチング誕生の経緯にはさまざまな説がありますが、1974年にテニスコーチであった米国の**ティモシー・ガルウェイ**氏が出版した「**インナー・ゲーム**」という本が、コーチング誕生のひとつのきっかけであるといわれています。インナー・ゲームとは、勝負において、プレイヤーの外側の世界で実際に行われるアウターゲームに対して、プレイヤーの心の中で行われるもうひとつのゲームのことを指します。

現在はスポーツ選手がメンタルトレーニングを受けるのはごく一般的になりましたが、「インナー・ゲームに勝つことが、実際の勝負に勝つための近道である」と説いたこの本は、当時非常に斬新な考え方として脚光を浴びました。この考え方がビジネス界に持ち込まれたのが、コーチングの起こりだといわれています。その後1992年には米国でコーチを養成する**Coach University**が設立され、日本では1997年に**コーチ21***が、2000年には**CTIジャパン***が設立され、プロコーチ育成のためのプログラムがスタートされました。

まずは心構えが大切

「コーチング」は、組織のマネージメント・スキルとして組織に導入されているばかりでなく、ビジネスパーソンや個人事業主といった個人の人々にも広く利用されています。また、新聞や雑誌などでも頻繁に採り上げられているので、詳しくは知らなくても「コーチング」という言葉は聞いたことがある、という人が多いでしょう。

＊コーチ21 日本の大手コーチ養成機関。合併を経て、現在はコーチAと改称。
＊CTIジャパン 米国に本拠地を持つ、日本の大手コーチ養成機関。現在は株式会社ウエイクアップがプログラムを運営。

16

1-1 コーチングとは？

1 コーチングとは

　コーチングが日本に上陸して20年近く経ち、コーチ養成機関も多数誕生しました。コーチングの定義もそのサービスを提供する組織によってさまざまですが、おおむね共通するところをまとめてみると「相手の潜在能力を引き出し、自発的な行動を促すためのコミュニケーションスキル」であると定義できるでしょう。

　「コーチング」というと、ともすれば傾聴や質問のテクニックに目が向けられることが多いようですが、何よりも大切なのは、コーチとしてクライアントに関わる際の心構えです。

　このコーチングの心構えや原則も提供者によっていろいろありますが、そのエッセンスをまとめると、ほぼ以下の3点に集約されます。

①人は誰もが自分で答えを見つけ出す力を持っている。
②人は誰もがパーフェクトな存在である。
③人は誰もが限りない可能性を持っている。

　コーチングでは、いかなる場合でもこれら3つの原則にのっとってクライアントと関わる必要があります。つまり相手をありのまま受け入れ、とことん信じて、相手の無限の可能性に目を向けることが、コーチに必要不可欠な心構えなのです。

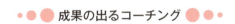
成果の出るコーチング

彼は優秀だから楽しみだな…
どんなアイデアがあるか、ぜひ聞かせてくれる？
上司（コーチ）

高齢化社会にふさわしい、シニア層をターゲットにした面白いビジネスを考えました！
この人はボクに期待してくれてるな…
部下（クライアント）

17

1-2 コーチングが定着した理由

ビジネス環境の変化や技術革新のスピードが年々速くなっています。そして雇用スタイルの多様化により、中間管理職の負担も年々増大しています。コーチングを活用するとどんな風に中間管理職の負担を軽減できるのか、考えてみましょう。

組織への普及と時代背景

　コーチングが本格的に日本に上陸してから、20年近く経ちました。「コーチング」コーナーのある書店は珍しくありませんし、大手企業では、管理職研修に欠かせないプログラムとして定着しています。カルロス・ゴーン氏が日産自動車を再建した際にコーチングを採り入れて脚光を浴びたことも、日本企業に浸透したきっかけのひとつといえるでしょう。

　国際コーチ連盟（ICF*）という、世界最大のプロフェッショナル・コーチの団体があり、1998年には2000人未満の会員数でしたが、2016年には20,000人以上にまで膨らんでいます。もちろんすべてのプロコーチが登録しているわけではありませんから、世界のコーチ人口はこれ以上に大きく増加していることがおのずとうかがえます。

　そして今やラットイヤーと呼ばれるくらい、ビジネスを取り巻く環境の変化や技術革新のスピードは年々速くなる一方です。携帯電話ひとつ取ってみても、1999年にインターネットサービスがスタート、メール機能や液晶のカラー化、さらに海外でも使えるようになり、カメラや電子マネー機能が付き、スマートフォンの普及により、SNSを使ってワンタッチで人とやり取りできるようになり…と、ここ15年ほどの間に、目覚ましく進化しています。

一度身につければ財産に

　このような技術の進歩や環境の変化の中で一番負担がかかっているのが、中間管理職、マネージャークラスの人々です。組織のスリム化に伴い中間管理職の数が削減されると、一人あたりの管理対象となる部下の人数は増大します。加えて

＊ICF International Coach Federationの略。

1-2 コーチングが定着した理由

昨今は正社員・契約社員・パート・アルバイト・派遣社員などさまざまな雇用形態、さらには外国籍の部下までマネージメントする必要がありますから、物理的・精神的な中間管理職の負担は大きくなるばかりです。

そんな中間管理職の負担軽減に一役かっているのがコーチングなのです。コーチングを導入することで、指示待ちタイプが減り自発的に考えて行動する人材が増えます。そして何よりコーチングという1対1の対話の時間を持つことで、上司・部下間のコミュニケーションの機会が増え、信頼関係が深まります。コーチングを学ぶという新たなタスクは増えたかも知れませんが、一度身につけてしまえば、一生の財産になるのです。

コーチングの基本は尊敬と信頼をベースにしたコミュニケーションです。そして話を聴いたり、質問したりというやり取りを通じて、日頃部下がどういう想いを抱いているのかを知ることができます。ただ「部下に関心を持ってコミュニケーションを取りましょう」と言われても、具体的に何にどう取り組めばいいのか戸惑うかも知れません。けれどもコーチングという"型"を用いることで、自然に部下との信頼関係づくりができるというわけです。

●●● コーチングを活かした会話 ●●●

調べてみたら、A社かB社が良さそうだなと思ったんだけど、キミはどこに頼むといいと思う？

業界ではA社のシェアが大きいのですが、ていねいな仕事をしてくれるB社の方がいいと思います。

中間管理職

部下

意見を求めることで、部下のリソースを活かす

1　コーチングとは

1-3 脳科学で見る、コーチングの効果

コーチングを活用すると、クライアントの能力がさらに発揮されビジネスでの成果
も上がりますが、いったいなぜなのでしょうか。その秘密はコーチングを用いること
で脳機能をうまく使いこなし、脳の短所を補うことにあります。

神経伝達物質の分泌を促す

「コーチングを受けることでどんな効果を感じていますか？」と聞くと、必ずと
いっていいほど「やる気が出ます」「気分が上がります」という答えが返ってきます。
このような効果をもたらすのは、うれしいことがあると分泌される<ドーパミン>
という神経伝達物質。脳の側坐核という部位がドーパミンによって活性化される
と、身体は欲求の対象を追いかけ、それを手に入れる態勢に入ります。

"人からほめられると分泌される"と言われているこのドーパミンですが、コーチ
ングでは、常にコーチがクライアントの味方となり、その人の資質や行動、成果
に対して承認の言葉を投げかけます。そうすることでクライアントのドーパミン
分泌量が増加します。

反対に、人から叱られると<ノルアドレナリン>の分泌量が増えます。これは
私たちを危険から守るために出る神経伝達物質で、人を「闘う」「逃げる」という行
動に駆り立てます。しかし長期間ストレスにさらされるとノルアドレナリンは枯渇
します。そのため叱る事で、短期的には闘争モードに入ってモチベーションが上
がるかも知れませんが、長続きはしません。そこで職場にコーチングを導入すれば、
スタッフの承認欲求を満たして、ドーパミン分泌量を増やし、やる気を継続させ
ることができるのです。

思いこみに気づく

「最近の若い人は、言葉遣いがひどい」というセリフを聞いたら、あなたはどう
思いますか？若い人全員の言葉遣いがひどいわけではないですから、ものの見方
が偏っていると思いますよね。この例のように私たちは日常会話の中で無意識に、
<一般化>を行っています。一般化とは、例外を考慮に入れず"○○＝××だ"と

決めつけてしまうこと。これでは現実をありのままにとらえることはできません。こうなってしまう理由は、日々流れ込んでくるおびただしい量の情報にあります。これらの情報を処理するためには大量のエネルギーが必要になるため、私たちの脳は必要なものだけを選んでパターン化し、エネルギーを節約しているのです。

　ところがこのような脳の仕組みのおかげで私たちは、思考や行動に制限をかけてしまっています。たとえば「転職回数が多いと信頼されない」「50歳を超えてから新しいことにチャレンジするなんて無謀だ」といった思いこみによって、チャレンジすることをあきらめてしまっている人もいるはずです。

　コーチングでは「信頼されないって誰から？」「無謀ってどういうこと？」という風にツッコミを入れます。するとクライアントは自分の思い込みに気づき、これまでの偏った考え方の枠から出て、新たなチャレンジをすることができるのです。

●●● ありのままの現実を見る ●●●

1-4 コーチングとティーチング

コーチングが日本に入ってくるまで、部下指導や生徒指導の主流は"ティーチング"でした。コーチングを導入する際に、この2つの方法をどのように使い分ければ良いのでしょうか。ビジネスの場合で考えてみましょう。

"守破離"で使い分ける

簡単に言うと、コーチングは「引き出す」スキルで、ティーチングは「教える」スキルです。サッカーやテニスなどといったスポーツ界の"コーチ"は近年、コーチングとティーチングの両方を用いる人が増えています。スキルを教え、さらにそれぞれの選手のモチベーションや能力をコーチングで引き出していくのです。コーチングが日本に上陸する前は、"師匠の技を盗ませる"という方法や、あえて教えずきっかけを与えて考えさせるという部下指導の方法も存在していました。

コーチングは、上司が部下の自発性を尊重して考えさせる仕組みで、部下の自発性を高め、自己責任意識を醸成する大変有用な方法です。ところがしばしば新任のマネージャーが「どこまで教えてどこから自主性を重んじればよいのか…」と、コーチングとティーチングのバランスに悩むケースが見受けられます。

それについて能楽師の**世阿弥**の思想に由来するといわれる「**守破離**」*のステップに則って考えてみましょう。まだ経験の浅い部下に対しては「守」のステップで、ティーチングを用いてしっかり業務の基本的な取り組み方を教えます。そして基本的な考え方やテクニックを習得した部下には、「破」つまり基本形を応用して自分のやり方を生み出せるよう、適宜コーチングを用いていくのです。部下が自分の下を離れ、一人前になる「離」のステップでは、主体性を重んじ主にコーチングを用いて関わっていくとよいでしょう。

誘導尋問はNG

「守破離」のどのステップにも共通することですが、上司が責任を負える範囲なのかどうか、納期的には問題はないのか、といったことを踏まえ、コーチングを用いるのかティーチングで対応するのかを考えると良いでしょう。たとえばあま

＊守破離 他にも千利休の言葉が原典であるとか、江戸時代の茶人・川上不白の言葉であるなど、諸説あり。

り時間がない中で中途半端にコーチングを用いると「自発性を育てるためにコーチングを使っているけど、本当はこの方向で考えて欲しいんだよなぁ」という上司の意図が働きます。つまり自分にとって都合のいい答えを部下が口にするよう、誘導的な質問を投げかけてしまう可能性があるということです。たとえば「うちの部署のB君とC君だったらやっぱり実績のあるC君にやらせた方がいいと思う？」というような質問になりかねません。

　この質問には"キミもC君にやらせることに賛同してくれるよね？"というニュアンスが感じられます。そんな風に誘導的なコーチングを行ってしまうと、本当の意味での自主性が生まれません。もし部下のアイデアを試す時間があるのならば、「この方向で考えて欲しい」という思いを横においてコーチングスタイルで望み、まず部下の選んだ方法でトライしてもらうことです。それがもし上手くいかないようであれば、後で上司が軌道修正すれば良いのです。

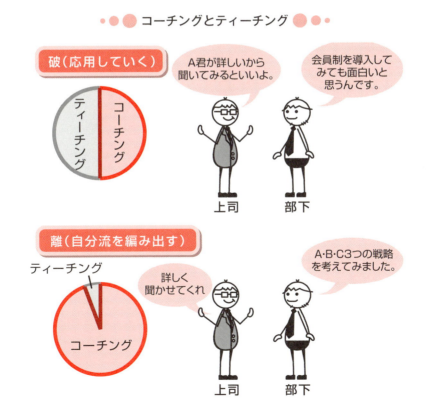

コーチングとティーチング

1-5 カウンセリングとの違い

コーチングとカウンセリング、両方学んでみると共通点がいっぱいあります。どちらも人がより幸せに生きるためのサポート方法ですが、一体何が異なるのでしょうか。業界動向も踏まえて紹介します。

問題解決と目標達成

コーチングが日本に上陸する以前は、マンツーマンで個人的な相談にのってくれる職業＝カウンセラーというイメージがありました。コーチングサービスを提供していると良く聞かれる質問が、このカウンセリングとコーチングとの違いについてなのです。

最近は双方ともさまざまな流派があり、完全な正解というものはありませんが、基本的にはカウンセラーには"問題解決"、コーチは"目標達成"や"さらなる向上"を求めてサービスを受けるケースが一般的です。

時にはコーチングを受けているクライアントが、問題を抱えて精神的に落ち込んだり、モチベーションが上がらないといったこともあります。もちろんそんな時もコーチはクライアントが問題を乗り越えて自分が望む方向に進むことができるよう、サポートする術を心得ています。人間大なり小なり"問題"を抱えているものですが、コーチングの主な目的は"問題"を取り除くことではなく、あくまでも目標達成や、さらなる向上なのです。ですから、自発的に未来に向けて行動しようとする精神を持ったクライアントであってこそ、コーチングで成果を挙げることができるのです。

根本は一緒

コーチングの起源については諸説ありますが、現在提供されているコーチングメソッドの多くは、これまで米国や日本で提供されてきたカウンセリングスキルの中で、主に"解決"に焦点をあてた**ブリーフ・セラピー**や**ソリューション・フォーカスト・アプローチ**、**NLP**＊といったメソッドのエッセンスを多分に採用しています。

＊NLP Neuro Linguistic Programmingの略。神経言語プログラミング。

つまりカウンセリングもコーチングも基盤はほぼ同じなのです。

　最近はコーチングとカウンセリングの両方を学んでいる人も多く、活動領域も重なってきています。つまりサービスを受けるクライアント側も、"問題解決"はカウンセラーに、"目標達成"はコーチに、という風に使い分ける必要がだんだん無くなってきているといえるでしょう。そういう意味では、心理の専門家を選ぶ際には、どんな時も適切なサポートを提供する力があるかどうかを見極めることが大切であるといえます。

　サービスを受ける際は、ホームページやSNSで、そのコーチやカウンセラーが学んできたことや、クライアントの声をチェックするなどして、自分のニーズに合った専門家を選ぶことが大切です。しかし一番大切なのは、自分がどれだけそのコーチやカウンセラーを信頼して心を開いて話すことができるか、ということ。動画をチェックしたり、直接会ってみるなどして、パーソナリティと相性を知ることが何より重要であるといえるでしょう。

●●● カウンセリングとの違い ●●●

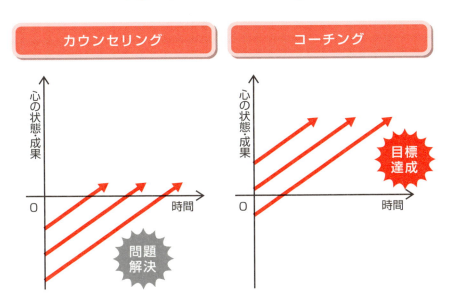

1-6 コンサルティングとの違い

コンサルタントが答えを提供するのに対して、コーチは答えを引き出す役割を担います。クライアントから想いやリソースを引き出して行くコミュニケーションとは、一体どんなところが重要なポイントになるのでしょうか。

人や組織の力を引き出すコーチ

コンサルタントがクライアントの求める答えそのものを提供するのに対し、コーチはクライアントから答えを引き出す役割を担います。近年コーチを雇う経営者やコーチングを導入する組織が増えてきましたが、そうすることで組織は専門家から提案を受けるだけでなく、自ら戦略やアイデアを生み出していく力を手に入れてきました。

今後組織は、年々能力を高めているコンサルタントやコーチを、TPOに応じて使い分けるのが賢いやり方だといえるでしょう。特に、コーチングの応用スキルであるファシリテーション*能力を身につけているコーチは、組織の強みや魅力、メンバーのアイデアを引き出し、まとめていくことを得意としており、チーム・ビルディングや組織変革などの場面で頼もしいサポーターになります。

どんな業界にも対応できる

コンサルタントはクライアント以上にその業界に精通している必要がありますが、コーチは必ずしも相手の業界について精通している必要はありません。なぜならクライアントが頭の中を整理して、いつもと違った角度から物事を見ることができるようにするのがコーチングであり、固定観念を持っていないことがかえってプラスに働くことがあるからです。具体例をあげてみましょう。

コンサルティング的な会話

Aさん：とてもやりづらい年上の部下がいるんです。

Bさん：何歳年上なのですか？で、どんなことをしてきた人なのでしょう？

Aさん：40歳だから5歳上ですね。大手コンサルティングファームのY社出身です。

＊ファシリテーション 会議などで、メンバーの話し合いを促進し、プロセスの舵取りをすること。これを行う人をファシリテーターと呼ぶ。

Bさん：私もY社出身の同僚を持ったことがありますが、無闇に大きなプロジェクトをやりたがる傾向がありますね。俺はY社にいたんだ！っていう変なプライドがあるので、頭を切り替えさせることが大事ですよ。

コーチングの場合

Aさん：とてもやりづらい年上の部下がいるんです。
Bさん："やりづらい"とはどういうことなのでしょう？
Aさん：何かにつけ「私がいた会社では、こうやっていた」と言って、私の指示命令に反発するのです。
Bさん：そんな時あなたはどうするのですか？
Aさん：「うちにはうちのやり方があるから従って欲しい」と言っています。
Bさん：部下はどんな反応をしますか？
Aさん：ムッとしていますね…だけど私も一方的過ぎたかも知れません。もう少し彼を尊重して話を聞いてみることにします。

中間管理職がコーチングを行う際に陥りやすいのが、"一緒に解決策を考えてしまう"こと。コーチングでは、あくまでもクライアント自身が答えを見つけるようサポートします。

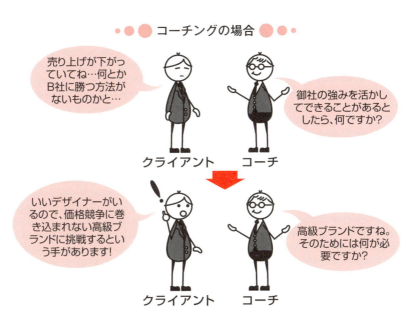

1-7 コーチングのポジションと役割

コーチングの普及に伴い、社会や組織はどのように変化してきたのでしょうか。そしてコーチングはどんな貢献をしてきたのでしょうか。コーチングの活用方法とその効果、メリットについて紹介します。

組織にも個人にも有効

ここ20年足らずで、コーチングがマネージメントの基幹スキルとして組織に定着してきました。コーチングの導入による主な効果は、管理職の部下育成能力が上がること、そして社員の能力や自発性を引き出すことができ、ひいては組織のパフォーマンスが上がるということです。

コーチングを組織に導入する際は、たいてい中間管理職などの対象者がコーチングスキルを身につけて日常業務の中で部下とのコミュニケーションに活用できるよう、まずコーチング研修を受講します。研修終了後は、部下とのコーチングセッションに取り組むわけですが、並行して対象者が継続的にプロコーチからのコーチングを受けるというシステムが一般的です。

そうすることで「今の質問で大きな気付きを得ることができた」「こんな風に話を聴かれると話しやすい」という風に、クライアントの立場で良いコーチングを体験することができ、部下とのコーチングに反映することができます。

また組織に導入される一方で、個人でコーチングを受ける人たちも増えてきました。経営者、個人事業主、ビジネスパーソン、アーティスト、スポーツ選手、学生、主婦など、さまざまな人たちがコーチングを受けることで、可能性を開花させています。ビジネスで成果を挙げたい、自分の潜在能力をもっと活用したい、自分にふさわしい仕事を見つけたい、夢を実現させたい、そんな風に人生をより良く生きたいと願う人たちが、コーチングを受けることで成果を手に入れているのです。

人生の主人公として生きる

組織においても個人でも、コーチングに触れることで得られる一番大きな成果とは何でしょうか？ それは誰もが"人生の主人公として生きる"ことができるよう

になることです。

　人々がよると触ると不平不満やグチに花を咲かせるのはなぜでしょうか？それは、主体的に物事を考えることなく、世の中の状況や他人の考えに振り回されて生きていると、自分が無力であたかも被害者であるように思えてくるからです。そのような生き方に慣れ親しんでいる人は、何か上手くいっていないことや納得できないことがあると、他人や環境のせいにし、自分で責任を取ろうとしなくなります。

　ところがコーチングを受けることで、人は自発的に考えて行動せざるを得なくなります。「上司はまったく私の話に耳を傾けてくれないんです。ひどいと思いませんか？」とクライアントがコーチに投げかけたなら、「それで、あなたはどうしたいのですか？」と自発的な行動を促す質問が返ってくるでしょう。そうすることで上司を悪者にしておくのではなく、自分が主体的に上司に関わって関係を改善していくというアクションをとることができるようになります。継続的にコーチングを受けることで、このように自発的・主体的に物事に取り組む習慣が身につき、被害者ではなく人生の主人公として生きることができるようになるのです。

●●● **コーチングを受けている二人** ●●●

1-8 自問自答の効果

コーチングにおける主役はクライアントです。コーチングセッションでは、コーチが聴き役となり、クライアントが中心になって話をします。自分で話してそれを自分で聴くことで、さまざまな気付きを得ることができるからです。

自分で話して自分で気付く

コーチングのもたらす成果の中でもとりわけ大きいのは、何と言っても"自分で話して自分で気付くこと"です。たとえば、職場であなたの仕事量がどんどん増えてきて「全部一人でこなせるだろうか？」と思ったとしましょう。その時頭の中では「A君にお願いしたいけど、彼も忙しいからな」「あ、そうだ。B君はどうだろう？ そういえば、ちょうど彼の得意分野だし」「うん。いいアイデアだ！早速話してみよう」と無意識のうちに自問自答が繰り広げられているはず。

コーチングとは、このような自問自答の機会を、より建設的な形で提供するものです。たとえば「何とかしたい」と思っている課題があっても、苦手なことをやらなくてはいけない場合は、見て見ぬふりをしたくなるもの。すると解決や目標達成が先送りになってしまいます。そこでコーチが話の聴き役になり、質問を投げかけたり、感じたことを伝えることで、クライアントが課題と正面から向き合うことを可能にするのです。

客観的な視点を提供するコーチ

クライアントはコーチに理解してもらえるように、起承転結を意識したり、時系列で話をすることで、自分の頭の中を整理することができます。そして話の中にあいまいな表現があれば、コーチは見逃すことなく、それを明確にする質問を投げかけます。たとえば「もっと自由に仕事したいのです。今の環境では自由がなくて」と言えば、『あなたの言う自由とは、具体的にはどういう状態ですか？』という具合にです。

同じ"自由"という言葉でも使う人によってその解釈が異なります。Aさんにとっては「新しい方法を積極的に採り入れることのできる職場がいい」という意味かも

知れませんし、Bさんが使えば「人に管理されずに自分のやりたいように仕事をしたい」という意味かも知れません。そのようにコーチからの質問に答えて行く度に、自分が今置かれている状況や自分の望んでいることが明確化されていくのです。つまりコーチという存在は、客観的な視点を持って対話してくれる、もう一人の自分であるといえます。

　たとえば、太り気味が気になっている人が「やせたい」→「お酒をやめればやせられるだろうけど…」→「接待もあるし、お酒も好きだし難しいな」→「でもやせたい」という思考の悪循環を繰り返しているとします。そこにコーチが関わるとこんな展開が期待できます。「やせたい」→『やせるとどんないいことがありそうですか？』→「女の子にモテるでしょうし、フットワークも軽くなると思います。」→『じゃあやせるにはどうしたらいいでしょう？』→「接待のない日はお酒を飲まずに、アフターファイブはスポーツジムに行くようにします」という具合です。そのようにいつもの思考習慣の枠から出て、問題解決、目標の実現に向かうための会話を提供するのがコーチングなのです。

思考習慣を変える投げかけ

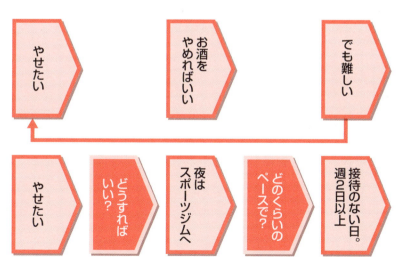

1-9 コーチングの基本は、相手を認めること

コーチングをうまく機能させるには、まずクライアントに心を開いてもらう必要があります。そのためには、まずはコーチがクライアントを100%受け入れることが肝心です。

人は鏡

　仕事や趣味の世界でライバルに遭遇すると、勝ち負けが気になりませんか? その上相手が挑戦的で生意気な態度だったりすると、「負けるもんか」という気持ちになって、ますます闘争心に火が付くのではないでしょうか。

　ところが逆に、「あなたのお話、大変勉強になりました」と相手の方から認めてきたとしたら、どうでしょうか? 不思議なものでこちらも相手を認めようという気持ちになるのではないでしょうか。心理学でいう「**好意返報性の法則**」…自分に好意を持ってくれる相手には好意で返したくなるという法則…が働くわけです。

　そもそもコーチングとは相手の自発的な行動を促すための会話のテクニックですが、ここで重要なのは「テクニックだけ身につければ良いというものではない」ということです。

　すぐれたコーチは"being*"を大切にしています。つまり"何をする"のかではなく"どんな人"であるのかが、コーチングを行う際にとても重要なポイントなのです。

北風ではなく太陽になる

　イソップ物語に「北風と太陽」というお話があります。旅人のマントを脱がせるために北風と太陽が競争するというストーリーですが、結局旅人に温かい日差しを注いだ太陽が勝つという結末です。つまりダメ出しや戦闘的態度ではなく、相手に対する承認や温かい言葉こそが相手を動かす力になる、という教訓がこめられているわけです。

　目の前にいる人といい関係を作りたいと望むのであれば、相手を見下したり、論破したり、詮索したり、勝ち負けを争ったりするのではなく、相手の人格や能

＊being スキルや肩書きではない、"存在"としての人。コーチングなどの対人援助職ではテクニック以上にこのbeingがクライアントの得る成果に大きく左右するといわれる。

力を含めたすべてを認め、自らオープンになって相手を受け入れ、誠実な好奇心を持つことが大切なのです。

相手から認められ信頼されたいのであれば、自分がいかに優れていて立派な人物なのかと証明する行動はまったく無意味であり、自分がそうされたいと望んでいるのと同じように、相手を認め、信頼することが一番効果的なのです。

心のないテクニックだけのコーチングでは、充分な成果を出すことはできません。いくら鮮やかないい質問をしても、"この人になら率直に話してもいいかな"と思えるような"being"のコーチでない限り、相手が心を開くことはなく、表面的で無難な回答が返ってくるだけでしょう。

コーチングでは、まずは相手をそのまま受け入れて、100%相手の味方としてそこにいることが大切なのです。その感覚が身につけば、あなたがそこにいるだけで、相手は自然に心を開いてくれることでしょう。

●●● コーチングの基本は、●●●

コーチングの基本は、相手を認めること

ダメ出しや戦闘的態度ではなく、相手に対する承認や温かい言葉こそが相手を動かす力になる

1-10 棚卸効果

コーチングでは、クライアントの強みや魅力をとことん探ります。その人に"無いもの"ではなく"あるもの"を探求し、本人が自分でも気付いていないリソースを発見することで、スピーディな課題解決や目標達成を可能にします。

● 一番知らないのは自分のこと

　私たちが良く知っているようで一番知らないのが、"自分自身"。「隣の芝生は青い」という言葉がありますが、たいていの人は、自分に足りないものや欠点はたくさんリストアップできるのに、自分の長所や強みを聞かれてもなかなか出てきません。

　私たち人間の生物としての目的は、生き延びること、そして子孫を残すことです。そのため自分が持っていない武器を他人が持っているとうらやましくなったり、それを持っていない自分はダメだ、などと思ってしまいがち。自分の中に、まだ充分に活用していない武器がたくさんあるのにもかかわらず、です。

　コーチングの**棚卸効果**は、家の大掃除のようなもの。たとえば蔵書を整理していたら、思いがけず過去に買ったまま忘れていた名著が出てきたりすることがあるでしょう。

　それと同じで私たちもまた、自分に備わっている才能や経験・知識を充分に活かさないまま、眠らせていることが多いのです。

● あなたの宝物を見つける

　たとえば出版社に勤めているAさんに、外資系企業に勤めるBさんという友人がいたとしましょう。AさんはBさんに会う度、「英語がペラペラで、MBAを持っていて、話が上手くて気のきいたジョークが言えて、年収も2000万をこえていて…かっこいいなぁ。この人に比べたら僕ってたいしたことないなー。」と思ってしまいます。ところがAさんがコーチングを受けて自分を棚卸ししてみると、どうでしょう？ 編集者としてベストセラーを何冊も出し、多くの人たちの信頼を得ていて人脈も多い。ピアノが弾けて歌も上手い…といった、Bさんには無い多くのリソースを持っ

ていることを発見できることでしょう。

　私たちは、素晴らしいリソースを持っているのにもかかわらず、自分に無いものを持っている人を見ると、ついうらやましくなってしまいます。だからこそコーチングによる棚卸が必要不可欠なのです。「あなたがこれまで力を注いできたことは何ですか？」「あなたの強みは何ですか？」「あなたにまだ活かし切っていないものがあるとしたら何ですか？」このようにコーチはクライアントのリソースを引き出す質問をさまざまな角度から投げかけます。自分がどんな才能を持っていて、どんな実績や経験を積んできたのか、それらをしっかり把握していてこそ、健全なセルフイメージを持つことができ、日々仕事で十分に能力を発揮することができるのです。

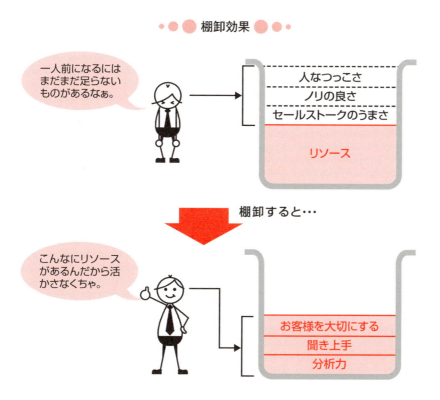

$\overset{1}{\underset{11}{.}}$ 対等なパートナー

コーチとクライアントに上下関係はありません。二人三脚で最大の成果を得るために歩んでいく、対等なパートナーなのです。ここでは、どうすれば対等な立場でよりよいコーチングセッションを行うことができるのかを考えてみましょう。

率直に伝える

教師と生徒、上司と部下など、教える側と教えられる側というスタンスになると、どうしてもそこに上下関係が生まれがちです。けれどもコーチとクライアントはあくまでもクライアントが最大の成果を得るために関わりあう、対等なパートナー。クライアントはコーチの発言にしっくりこない点や気になる点があれば、遠慮なくそれを伝える必要があります。

●クライアントが遠慮している場合

コーチ：話を聴いていると、あなたが部下から逃げているように感じます。

クライアント：(え〜っ！全然そんなことないよ、と思いながら)うーん…そうなんですかね〜。

コーチ：逃げないで関わっていくためには、何が必要ですか?

クライアント：(ピントがずれてるなぁと思いながら)勇気じゃないですかね?(そんな問題じゃないんだよなぁ…分かってないなぁ)

●クライアントが率直に話している場合

コーチ：話を聴いていると、あなたが部下から逃げているように感じます。

クライアント：逃げてはいませんよ。ぶつかっています。ただ時々ウンザリしてしまうだけです。

コーチ：ウンザリしてしまうんですね…ではそんな時に、自分に何と声をかけてあげると良さそうですか?

クライアント：「必ずあなたの想いは届くからがんばるのよ！」って声をかけたいです。(そうよね！はじめて部下を持った頃みたいに頑張ろう！)

クライアントが最大の成果を得るように関わるのが、コーチの役割です。ですからコーチは自分が言葉を投げかけた時に、クライアントがどんな反応をしているか敏感にキャッチする必要があります。またクライアントには感じたことを率直に話してくれるように伝えておくと良いでしょう。

共に創り出す

　コーチングとは、コーチが一方的にクライアントを変える手法ではありません。二人三脚でよりよい未来を創造していくのがコーチングです。つまりコーチングでよい結果が得られるかどうかは、コーチの能力だけではなく、二人の関係性によるところが大きいのです。ですからクライアントはコーチに依存するのではなく、自律的に関わる必要がありますし、コーチは「クライアントをコントロールしようとしていないか？」「対等なパートナーとして接しているか？」と常に自分の心の動きを客観的に見つめておく必要があります。

　そしてクライアントが最大の成果を挙げるためにも、クライアント自身がコーチに"どういう風にコーチングして欲しいのか"を伝えておくと良いでしょう。できるだけほめて欲しいのか、じっくり考えさせて欲しいのか、それともスピーディに決断を促して欲しいのか…そんな風に自分の希望を伝えることで、最大の成果を出せる関係性が手に入るのです。

●●● 対等なパートナー ●●●

コーチ　　クライアント

1-12 コーチに求められる資質

コーチとして欠かせない資質は数多くありますが、中でも特に大切な資質とはどのようなものでしょうか。ここでは対人援助職に携わる人が陥りがちなパターンと、貫くべきスタンスを含め、大切な資質について解説します。

解決志向とマインドセット

まずコーチに欠かせない資質といえば"解決志向"であること。コーチングでは、クライアントが何らかの問題を抱えていたとしても、その人の持っているリソースをフル活用して、問題を乗り越え、目標を達成したり、さらに人生を豊かにできるようサポートします。そこでコーチは、問題について熱心に語っているクライアントの意識を、解決や目標達成に向ける必要があります。そのためにはコーチ自身が日頃からそういうマインドで自分自身と向き合うようにしたいものです。

またコーチングやカウンセリングなどの対人援助職に従事する人の多くは、人に喜ばれたい、必要とされたい、という想いが強い傾向があります。それが仕事への熱意にもつながるのですが、一歩間違うと成果を下げる要因にもなりえます。たとえばクライアントが喜んでくれたり涙を流してくれることによって、自己重要感が満たされるという体験をすると、あまり反応が得られない時に不安になったりイライラしたりする可能性があるのです。コーチングはあくまでもクライアントのために提供するものであり、コーチの自己満足が目的となってはいけません。自分を客観視して心を整えておくよう心がけましょう。

同情と共感

もうひとつコーチにとって大切なのは、"事実と解釈を分けて考える"ことのできる客観性です。つまりクライアントの思い込みや激しい感情に振り回されることなく、共感的理解を持ちながらも客観的にクライアントの話を聞くことが求められるのです。共感的理解とは、自分が感情移入してしまう"同情"とは異なり、"相手の伝えたいこと"をそのままキャッチするということです。

●同情の場合
　Aさん：ちょっと聞いてくださいよ～。昨日、課長に企画書提出したら、ねぎらいの言葉もなく、一からやり直しさせられたんですよー。徹夜でボロボロになって仕上げたのにー。
　Bさん：それはひどいですね。一緒に手伝ってくれたらいいのに。
　Aさん：でしょー？人の気持ちが分からない上司を持つとつらいです～。

●共感の場合
　Aさん：ちょっと聞いてくださいよ～。昨日、課長に企画書提出したら、ねぎらいの言葉もなく、一からやり直しさせられたんですよー。徹夜でボロボロになって仕上げたのにー。
　Bさん：徹夜したのに、一からやり直し！？
　Aさん：…実は指示されていた大事な要素をすっ飛ばしていたので、当たり前といえば当たり前なんですが…。

　前述のように"同情"してしまうとそこにはコーチの解釈が入り込むため、クライアントが純粋に自分と向き合うことを阻んでしまいかねません。コーチングでは後述のように"共感"のスキルを用いることで、相手の鏡となって気づきを促しましょう。

●●● 解決志向 ●●●

コーチ　　クライアント

第2章

コーチングの手順

コーチングを部下との会話に取り入れる時には、はずせないポイントがあります。この章では、うまくコーチングを活用するために必要な配慮、そしてコーチングの基本的な流れについて分かりやすく解説。これさえ覚えておけば、どんな場面や相手でも、ひと通りコーチングがこなせるようになります。

コーチングの進め方基本5ステップ

❶安心＆リラックス

他の人に聞かれないで安心して話せる場所を確保

あらかじめ伝えておく

❷今どうなってるの？

納期まで1週間

1／3しか完成してない

私、もう限界！

テーマを決めて現状をヒアリング

2-1 コーチングを使い始める

コーチングを学ぶと早く使ってみたくなるものですが、職場でのコミュニケーションに採り入れる時は、準備が必要です。部下に安心して新しい方法を受け入れてもらうには、どういう工夫をすればよいのでしょうか?

事前に伝えておく

コーチングを学んで部下との会話に使う時には、事前にそのことを伝えておきましょう。どちらかというと日頃から話をじっくり聴くタイプであれば、コーチングを採り入れたコミュニケーションを始めたとしても、そんなに違和感はないでしょう。けれども日頃あまり話を聴く習慣がなく、指示命令やアドバイスがメインになっているようであれば、間違いなく相手は「この人どうしたんだろう??」という違和感を覚えるはずです。

日常会話に傾聴を採り入れるぐらいであれば、あえて「コーチングを使うからね」と宣言しなくてもさほど問題はありません。けれどもまとまった時間を取って本格的にセッションを行うのであれば「これまでは私が指示したりアドバイスをすることが多かったですが、これからはより一層○○さんが持っている能力を発揮できるように、コーチングを使います」と伝えておくと良いでしょう。

相手がコーチングのことを良く知らない人であれば「具体的には、○○さんが頭を整理したり、問題を解決したり、アイデアを考えやすくするために、私が話の聴き役になって、質問をしたり、感じたことを伝えたりします」という風に、コーチングとは一体どんなことをするのかを分かりやすく説明しておくとベターです。

相手のペースを尊重する

コーチングを学ぶと、身につけたテクニックを次から次へと試してみたくなることもあるでしょう。ありがちなのは、相手が黙って考えていると「質問が悪かったかな?」と思って、手を変え品を変え、知っているテクニックをあれこれ使おうとしてしまうこと。

でもちょっと待ってください。相手は自分の内面とじっくり対話をしているので

す。最近は分からないことがあるとすぐにネットで検索してしまって、自分の頭で考えない人が増えてきています。そのため質問されて考えるということに慣れておらず、時間がかかってしまう人もいるでしょう。

　そこで大切なのは、クライアントの様子をじっくり観察しながら、会話を進めていくことです。もし質問してもなかなか答えが返ってこないようであれば、「今何を考えてるの？」という風に聞いてみると良いでしょう。考えをまとめているのであればじっくり答えを待ち、質問の意図が伝わっていないようであれば、相手がわかるように説明すればいいのです。

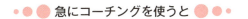
急にコーチングを使うと

2-2 時間とスペースの確保

「時間」と「場所」を事前に確保することで、クライアントは落ち着いて自分の内面と対話をすることができます。するとコーチングセッションの密度は濃くなり、数多くの気付きと学びを得ることができます。

時間を確保する

部下との会話にコーチングを採り入れる方法として、2通りの方法が考えられます。ひとつ目は部下との日常会話の中でコーチング的なコミュニケーションをとること。たとえば部下が相談にきた時に"キミはどうしたらいいと思ってる？""先方はどう思ってるだろうね？"などと質問して考えてもらうのです。

ふたつ目は、まとまったセッションの**時間**を取ること。長ければ良いというわけではありませんが、せめて1テーマにつき、30分くらいはあると良いでしょう。こみ入った話や大きなテーマを扱う時は60分くらい確保できると理想的です。

スペースを確保する

コーチングセッションを行う際、どんなスペースを選ぶかということが、その展開や成果に大きく関わってきます。"部下がオープンに話し、自分と向き合って自発的に考え行動できるようにする"というのがコーチングの目的ですから、コーチングを受ける部下がのびのびと心を開いて話せる場所が必要不可欠なのです。

職場でセッションを行うのであれば、他の誰かに話を聞かれることのない、会議室を予約することをおすすめします。ちなみに個人のクライアントを対象にコーチングを行っているプロコーチは、しばしばホテルのラウンジを利用することがあります。クライアントが非日常感を味わうことができ、比較的席間もゆったりしているので、リラックスしてコーチングに臨むことができるからです。

また座る角度やポジションもクライアントの精神状態に大きく影響します。心理学的には真正面で向き合って座ると対決のポジションになり、クライアントが緊張感を感じやすいと言われています。コーチングを行う場合は、コーチとクライアントが90度ないし120度のポジションに座るとクライアントがあまり緊張感を

感じることなく、リラックスして話すことができるでしょう。それから、人にはそれぞれ異なった"パーソナル・スペース"というテリトリーが存在します。恋人や家族などごく親しい人であれば50cmぐらいまで近づく人も、初対面の相手に対しては、平均的に100cm程度の距離を取ると言われています。その人の文化的背景や性格、相手との関係性によって"パーソナル・スペース"の範囲は異なるので、コーチングセッションを始める際には「私との距離や座る角度はどんな具合がいいですか？」とクライアントに聞いてみると良いでしょう。

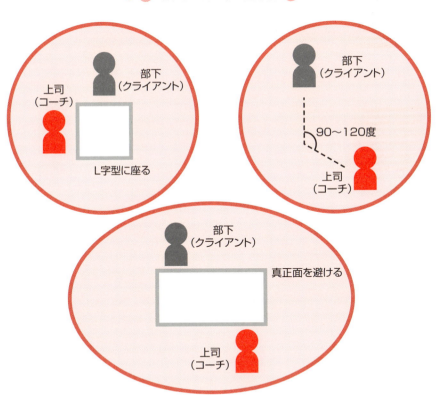

セッション時の座り方

2-3 リラックスしてもらう

「コーチングを使うぞ！」と意気込んでいる上司と、「何の話だろう？」と不安になっている部下。まずはこの両者のギャップを埋めて、部下にリラックスしてもらうことがセッション開始時のポイントです。

二人のギャップを埋める

いよいよ待ちに待ったセッション。学んだ成果を発揮するチャンスです。しかし、コーチングを受ける部下の立場になってみてください。コーチングをすると聞かされていれば「実験台かぁ。何をしゃべらされるのかな？」と思っているかも知れませんし、「ちょっと話したいから」と呼ばれているだけであれば「叱られるのかな？ 何の話だろう？」と不安になっているかも知れません。せっかくお互いに貴重な時間を使ってセッションを行うのですから、できる限り効果的なものにしたいですよね。そこでまずは部下の緊張をほぐして心を開いてもらうことに取り組んでみましょう。

YESセットを使う

人の心を開くのが上手な人が必ずと言っていいほど取り組んでいる方法があります。それは「今日も暑いですね」「すごいラッシュでしたね」「眺めのいいところですね」という風に、お天気の話など、誰もがYESと言いたくなる話題を振り、相手の警戒心や緊張を解いてしまうという方法です。これを応用したものが、催眠誘導の技法のひとつである"**YESセット**"。相手に3回「YES」と言わせることで、心理的なバリアをなくしてしまうという方法です。ひとつ例をあげてみましょう。

上司：今日も朝からカンカン照りだね〜
部下：ホント暑いですよね〜
上司：昨日も遅かったんだよね？
部下：そうなんですー。終電ぎりぎりでした。
上司：それはお疲れさまでしたー。今日は忙しいのに時間取ってくれてありが

とう。
　部下：こちらこそありがとうございます。

　朝一番から部下を呼び出してコーチングを始める、という時、こんな風に部下が「Yes」と言いたくなるセリフを最初に3回投げかけることで、警戒心を和らげることができます。なぜなら私たちは自分の気持ちを代弁してもらうことで、心の浄化作用が起こるからです。
　この部下は朝から上司に呼び出され、きっと「あー今日も朝から暑いよなぁ。ラッシュで汗かいてしまったよ。ふぅ。しかも昨日遅かったから4時間しか寝てないし、身体にこたえるよなー。で、今日もまともに帰れるかどうか…っていう時に面談かよー。一体何を言われるのかな〜」と思っていることが予測されるからです。こんな思いで頭の中がいっぱいになっていると上司の言葉がなかなか耳に入ってきませんが、上司が彼の気持ちをどんどん代弁してくれることで、心のわだかまりがすーっと消えていき、受け入れ態勢ができるのです。

●●● **ポイントはセッション開始前の声掛け** ●●●

2.4 現状整理——セッションの進め方：ステップ①

コーチングのセッションは、大まかに分けて、現状整理→目標設定→リソースの探求→アクションプランづくりという、4つのステップで進行します。ここではまず、最初の"現状整理のステップ"の進め方について説明します。

テーマを決める

コーチングでは、原則としてクライアントがテーマを決めます。たとえば仕事上で実現したいこと、解決したい問題、さらに向上させたいこと、気になっていることなど、それを扱うことで、クライアント本人と組織にとってプラスになるものを採り上げるのです。

たとえばクライアントが「仕事ばっかりでちっとも私と子どもにかまってくれない…と妻に言われているので、それを何とかしたい」と言い出したらどうでしょう？上司であるあなたは「そんなことより実務のことをテーマとして採り上げるべきだ」と思うかも知れませんね。

しかし、プライベートとビジネスは密接につながっています。もしも部下が家族との関係について悩みを抱えているとしたら、そのことが気になってしまって仕事に集中できていない可能性が十分考えられます。コーチングでそのテーマを扱うことで、解決するためのいいアイデアが出る可能性があります。すると悩みが解消されて仕事に集中でき、ひいてはビジネスでの成果アップにつながるのです。

また、部下が何をテーマにすれば良いのか思いつかないこともあるでしょう。そんな時は「たとえば、この前キミが悩んでいたA君との関係についてはどうかな？」という風に上司から提案するのもひとつの方法です。その際、もしも部下にとってそれが本意でなかったとしたら、遠慮なくそれが言えるよう「キミが本当にこのテーマでいいと思ったらそうすればいいし、他にもっと扱いたいものがあればそちらを優先してくれ」と伝えておくことも大切なポイントです。

🔴 現状を整理する

　テーマが決まったら、クライアントの現状を十分に傾聴します。クライアントのあいまいな言葉を明確にしたり、物事を深く掘り下げる質問を投げかけ、クライアント自身に現状をしっかり把握してもらいます。たとえば以下のようなやり取りになります。"気に食わない"という抽象的な言葉を具体化しているところに着目してみてください。

上司：それでA君の件については、今どんな感じかな？
部下：相変わらずですけれど、彼はどうもボクのことが気に食わないようなのです。
上司："気に食わない"って言うのは具体的にどういうことかな？
部下：他の同僚から聞いた話によると、「オレの方が優秀なのに、何でアイツばかり面白い仕事を任されるんだ？」と言っているらしいです。
上司：そのおかげで何かキミが困っていることは？
部下：A君はボクが忙しくしていても手伝ってくれなかったり、同僚たちとの会話でのけものにしようとするんです。他の同僚は「A君のこと、気にするなよ」と言ってくれたりして気遣ってくれるのですが、ボクもA君がいる場所には近づかないので、他の同僚と親しくなる機会を逃しているような気がします。

●●● 🔴 現状整理 🔴 ●●●

パッとしないってどういうこと？

最近パッとしないんです…

成績もですけれど、彼女ともうまくいってないし、体調も悪いし、なんだか悪循環で…

上司　　部下

2-5 目標設定──セッションの進め方：ステップ②

ステップ1ではクライアントがテーマを決めて現在の状況がどうなっているのかを明確化しました。ここでは、効果的な目標設定の方法について説明します。

目標を設定する

　現状が具体的に把握できたら、次のステップは目標設定です。クライアントの未来イメージが明確になればなるほど、目標達成への一歩が踏み出しやすくなりますから、理想の未来が一体どんな状態になっているといいのか、実現すると何が起こるのかを具体的にイメージしてもらうと大変効果的です。たとえば、以下のようなやり取りになります。

上司：A君との関係がどうなるといいと思う？

部下：同僚として自然にお互いをサポートしあえる関係になりたいですね。

上司：A君とサポートしあえる関係になったら、どんな変化が起こると思う？

部下：会社に来るのが楽しくなるでしょうし、ボクも彼と笑顔で話せると思います。

上司：笑顔で話せるようになるんだね。他には？

部下：同僚との飲み会にも、A君が参加していると絶対行かなかったのですが、いつでも気兼ねなく参加できるようになって、他の同僚ともいい情報交換ができそうです。

上司：いい情報交換ができたら、どうなりそう？

部下：そうですね〜。みんなと腹を割って親しくつきあえるようになるでしょうから、他部署との連係も今以上にスムーズになるかも知れません。

上司：他には何があるかな？

部下：そうですね。これまではA君の対応にムカついていましたから彼に対してネガティブなイメージしか持てなかったのですが、彼の長所をたくさん見つけてホメてあげたら、ひょっとして仲良くなれるかも知れません。

そうするときっとうちの部署も明るくなって活気が出ますね。
上司：いいイメージがたくさん出てきたね。それじゃ、目標は何にしようか？
部下：今お話したような環境をつくることですね。半年以内に。

イメージを共有する

　このようにクライアントに理想の未来をイメージしてもらう際に、一番効果的なのは、コーチがクライアントと同じイメージを共有するということ。一緒に同じ映画を観ているような気持ちで、クライアントの話を聴くようにしてみましょう。

　また前述の例のように、問題になっている相手との関係性のみならず、クライアントを取り巻く環境全般に渡って理想の状態をイメージしてもらうことで、クライアントはポジティブな未来像をありありと想い描くことができます。目の前の問題をクリアすることで、その問題自体が無くなるだけでなく、あらゆる面でプラスの変化が起きてくることが予測されます。できるだけ具体的でポジティブなイメージを想い描いてもらうことが、クライアントが前進するためのモチベーションにつながるのです。

●●● **目標設定** ●●●

うまくいってる状態って？
上司

妻や子供たちと楽しく会話ができていて
月に10件の新規顧客を開拓していて
同僚たちともいい関係…特にA君と…をつくっている状態です。
部下

2-6 リソースの発掘
─セッションの進め方：ステップ③

クライアントが具体的な目標イメージを描くことができたら、いよいよ後半戦です。
ここでは、クライアントのリソースを引き出すためのポイントを具体例と共に説明します。

リソースを発掘する

　目標が決まったら、課題解決や目標達成のためにクライアントが活用することのできる**資源**をとことん発掘していきます。前ページの例を用いて解説しましょう。

上司：ところで、これまでA君とのコミュニケーションでうまくいったことってある？

部下：彼があんな風になる前は、サッカーの話で盛り上がったこともありましたね。

上司：サッカーね。他には？

部下：彼は頼りにされるのが好きだから、仕事のことで相談したら喜んでましたよ。

上司：相談したら喜んでたんだ。他に、キミが人と仲良くなるために日頃使っている方法って何があるかな？

部下：飲み会の幹事をやるのが好きなんです。仲良くなりたい人を誘って、自然に距離を縮めることができるじゃないですか。

上司：なるほど、飲み会を主催して仲良くなるわけだ。他には？

部下：自分が心底ほれ込んでいる相手には、ストレートに「尊敬してます」っていいますね。それが一番仲良くなる近道だと思います。

上司：なるほど…こうやって話を聴いていると、リソースがいっぱいあるね。A君との過去のやり取りからはサッカーの話、仕事の相談。キミ自身の強みとしては幹事役だったり、「尊敬してます」とストレートに言うことだったり。

過去の成功体験を聴く

　この例では、部下とA君の関係性の中でうまくいったことを過去にさかのぼって探すと共に、部下が過去に人間関係づくりで成功した方法についてもヒアリングしています。他にも、「A君から見たキミはどう見えると思う？」「尊敬する先輩や歴史上の人物が今のキミと同じ立場だったらどうすると思う？」と視点を変えて尋ねてみる方法など、さまざまな方法が考えられます。
　このステップでは、クライアントが目標達成や課題解決のために自発的にアクションを起こすための材料を、一緒に探求していくのです。

●●● リソースの発掘 ●●●

上司：人と仲良くなるために使っているリソースは？

部下：飲み会の幹事役をかって出たり／カラオケで盛り上げ役をやったり／とにかく楽しんでもらうことですね。

2-7 アクションプランづくり
—セッションの進め方：ステップ④

リソースを十分に引き出すことができたら、次にアクションプランをつくります。ここでは、実際に課題解決や目標達成のためのアイデアを具体的に行動計画に落とし込む手順について説明します。

具体的であること

コーチングでは、あくまでもクライアントが自発的に"行動"することにより、課題を解決したり、目標を達成することが可能となります。そこでステップ4では、ステップ3の「リソースの探求」でたくさん出てきた過去の成功体験やクライアント自身の強みを踏まえ、実際に何から取り組むのかを考えてもらいます。その際には、"いつまでに何をどんな風にどうするのか"という具体的な**行動計画**を作成することがポイントです。それから行動した結果について報告する期限を決めるよう、クライアントに促すことも忘れずに。コーチの役割は確実にクライアントが理想の状態に近づくよう、行動を促すことなのです。

> **上司**：使えそうなリソースがいっぱい出てきたから、そろそろ具体的なプランを考えてみようか。まずは目標として"A君と笑顔で話せて、自然にサポートしあえる関係になる"っていう話があったね。そのために、まずは何から取り組むと良さそうかな？
>
> **部下**：考えてみたら、彼がボクのことをやっかむようになってから、うっとうしくなって無愛想に接していたと思うんです。まずはボクの方から笑顔で話しかけてみたいと思います。彼を立てて、仕事の相談をしてみますよ。
>
> **上司**：仕事の相談だね。いつまでに取り組みたい？
>
> **部下**：1週間以内に相談します。
>
> **上司**：どんな風に相談すると良さそうかな？
>
> **部下**：急に相談するのも不自然だから、まずは明日から笑顔で挨拶するようにします。それでしばらくリアクションを見て、タイミングを見計らいます。
>
> **上司**：まずは笑顔で挨拶か。タイミングを見計らって1週間以内に仕事の相談を

2-7 アクションプランづくり―セッションの進め方：ステップ④

するんだね。その結果をどんな風に報告してくれるかな？
部下：A君に相談したら、すぐ口頭で報告します。

実行に移しやすくする

クライアントがまず考えたのは「A君に笑顔で話しかけ、仕事の相談をする」という計画ですが、実際取り組む段階になると「さて、どんなタイミングで声をかけよう？」「いきなり相談しても不自然じゃないか？」といういろいろな懸念が出てくるはずです。そこで上司は「どんな風に相談すると良さそうかな？」と聴くことで、実行に移す際に、クライアントが足踏みをすることなくスムーズに行動できるよう事前準備の機会を設けているのです。

●●● アクションプランづくり ●●●

上司：A君にはどんなタイミングで相談してみる？
部下：彼が喫煙室にいる時ですかね？
部下：ひとりの時をねらいます。
上司：あ、でもまずは距離を縮めるためにあいさつからですね
部下：ランチの時間でもいいかも知れません。

2-8 リマインダーを設定する

現状を整理し目標を立て、リソースを見つけ、アクションプランをつくりました。あとは報告を待つのみです。でも最後にひとつ大切なことがあります。現場に戻ってもその決意を忘れることなく実行するためのしかけをつくっておくことです。

思い出す仕組みをつくる

　さて、前ページでクライアントが「A君に笑顔であいさつする」と決意しました。コーチングを受けて、自分で話し自分で気付いたことは、クライアント自身に大きなインパクトを与え、自発的な行動を促します。ところがクライアントが日常生活に戻ると、そこにはコーチングを受けて意識が変わる前の光景や人間関係がそのまま繰り広げられているのです。A君は相変わらず敵対的で、クライアントを仲間はずれにしようとします。しかしクライアントは理想の環境を手に入れるために、行動するということを決意したのです。そこで環境に負けていつものパターンに陥るのではなく、強い意志で一歩踏み出し、アクションプランを実行するために、決意を思い出させてくれる"**リマインダー**"を設定すると大変効果的です。

　セッションの中でクライアントが、"A君とサッカーの話で盛り上がったことがある"、という話をしていました。たとえばこれを活かし"A君と仲良く盛り上がっていた時によく聞いていたヒット曲を聴きながら出社する"といった儀式を行うことも、リマインダーになるのです。そんな風にモチベーションを維持する方法を考えておけば「あんなことセッションで言ってしまったけど、やっぱり自分から話しかけるなんてシャクだなぁ」とか「アイツが無愛想なのに、バカバカしくて笑顔なんか見せてやれるか」という想いが出てきても、当時のヒット曲を聴いて出社することで「アイツとの関係が良くなればみんなと情報交換もできて、仕事の成果も上がるんだよな。よしっ」と気持ちを切り替えて、笑顔で話しかけることができるようになるのです。

🌸 リマインダーの例

　とはいえ、クライアントも慣れないうちは「その決意を思い出すための仕組みは何にしますか？」と問いかけるだけでは、なかなかアイデアが出てこないかも知れません。もしも、クライアントからなかなかアイデアが出てこない場合は、あくまでも提案として、次のような例を挙げてみるのも良いでしょう。

①出社前にA君をはじめ、すべての人に愛を注いでいる自分をイメージする
②1日のタスクの中に"A君に笑顔であいさつ"という項目を入れ、仕事が始まる前に必ず読む
③自分のデスクに、理想の職場をイメージしたポストカードを飾っておく

●●● リマインダーを設定する ●●●

上司：いつでもA君の良いところを見つづけるための仕掛けは？

部下：システム手帳のタスク欄に「美点凝視」と書いておきます。
それから、家の玄関のドアに「私は器の大きな人間です」と貼っておくのもいいかもしれません。（笑）

2.9 とにかく練習する

コーチングという新しいスキルを身につけるには、かなり練習を積む必要があります。けれどもそれはごく一部の天才にしかできないものではありません。私たちが自転車や車を乗りこなしているのと同じで、ただ慣れるまで練習すれば良いのです。

● 車を運転するように

　コーチングの手順をひと通り見て、「いろいろ意識しなくちゃいけないことがあって大変だなぁ」と思っている人も多いでしょう。本書ではこれからさまざまなコーチングスキルを紹介しますが、「こんなにいろいろな技を使わなくちゃいけないの？」と腰が引けてしまう人もいるかも知れません。でも、初めて車を運転した時のことを思い出してください。ドアを開けて運転席に座る　→　シートとミラーの位置を調整する　→　シートベルトを着用する　→　サイドブレーキがかかっているのを確認し、ブレーキに足を乗せてエンジンをかける　→　前後左右の安全を確認しながらサイドブレーキを解除してブレーキから足を離す　→　アクセルに足を乗せかえて踏み込む。

　初心者の頃はこんな風にひとつひとつの動作を意識しながらやっていたはず。きっと「いろいろやることがあって大変だなぁ」と思っていたことでしょう。でも今はすべてのプロセスを身体が覚えていて、いちいち「えっとミラーとシートを…」などと意識しなくても、車を運転することができるようになっているはずです。

　車を運転しない人は、上記の例を自転車に置き換えてみてください。大人になっても補助輪をつけたまま自転車に乗っている人はいませんよね？自転車に乗る練習をしてバランスの取り方を習得すれば、補助輪がなくても乗れるようになります。コーチングもそれと同じ。とにかく練習を積み重ねて、身体で覚えてしまうこと。するとマニュアルという"補助輪"がなくてもいつの間にかコーチングが自然にできるようになっているのです。

練習の機会は?

コーチングを早く自分のものにするには、職場で部下や同僚相手に、どんどんコーチングセッションを提供していくのがベスト。しかしプライベートな時間の中でも、練習の機会はたくさんあります。たとえば仕事中は気を遣って聞き役に回ったり、相手に共感するよう努めていても、いったん家庭に帰るとスイッチを切ってしまって、返事をすることすら億劫になっている人も多いのではないでしょうか。家族を相手にコーチングを練習すれば、不足しがちなコミュニケーションを補うこともでき、一石二鳥です。

また、友人との何気ない雑談の中でも練習できる機会はたくさんあります。日頃話を聴いてもらうことが多いなら、聴き役に回って傾聴の練習を。相談を持ち掛けられることが多いなら、コーチングを使って関わってみましょう。アドバイスをする代わりに相手が自分で問題解決できるようになり、きっと喜ばれることでしょう。

すべての会話が練習の機会に

スキルが身に付き、人間関係もよりスムーズになります。

Column 1　感情とうまくつきあう方法

　コーチやカウンセラーが、クライアントと向き合う時に大切にしているのが、クライアントに"感じる習慣"を身につけてもらうことです。

　私たちは、幼い頃から「考える能力」を身につけるよう教育されます。その結果、大人になると論理的思考を重視し、「なんとなくイヤな感じ」「直観でやりたいと思った」などという非論理的な会話は敬遠されるようになります。

　「感情」は行動に大きな影響を与えます。たとえば「お世話になっている取引先なんだから、積極的にほめてみよう」と思ったとしましょう。相手がどうしても好きになれない担当者だとしたら、どうでしょうか？顔は引きつり、目は泳ぎ、ほめながらも「あーぁ！お世辞なんか言っちゃってヤダヤダ」と心の中で思ってしまうに違いありません。相手の心を動かすようなほめ方をするのは難しく、自分の気持ちと裏腹な行動をしていることに葛藤し、苦しくなってくるでしょう。

　そんな風に自分の感情にフタをして日々行動していると、病気になったり、積もり積もっていたネガティブな感情がある日突然爆発してしまうかもしれません。私たちが心身のバランスを保ち、しあわせに生きていくためには、どうすればよいのでしょうか？…そうです。自分の感情を無視しないで受け止めてあげることがとても大事なのです。

　「感情」の役割は、私たちを守ること。たとえば「恐れ」の感情には、危険を回避する役割が、「怒り」の感情には自分自身や自分が大切にしているものを守る役割があります。また「悲しみ」はつらい経験を乗り越えるための役割を担っています。

　日本人は欧米人に比べて、感情を表に出さず抑圧してしまう傾向があります。どちらかというと「感情的になるのは良くないことだ」と考えて冷静にふるまおうとする人が多いのではないでしょうか。確かに「こんなことで怒るのは大人気ない。良い風にとらえてみよう」と考えることによって、争いは回避できるかもしれません。しかし抑圧された怒りの感情は、徐々に私達の心身にダメージを与えます。ガンや難病を抱える人たちの中には、怒りを表現せずにガマンをしてきた人が多くみられるといいます。まずは自分の感情を認めて受け入れる。それが健康にしあわせに生き、お互いを大切にした人付き合いをするための第一歩なのです。

Column 2 クライアントを主役にする

　学生の頃に「あの先生に出会って人生が変わった」という経験がある人は、とてもしあわせだなぁと思います。きっとそんな先生は、生徒のことを尊重し、認めて、能力を引き出すような関り方をしてあげたに違いありません。プロコーチの心がけているようなコミュニケーションをとっているのが、生徒の人生を輝かせる先生であるといえるでしょう。

　流派によって、その姿勢や関わり方に多少の差はありますが、コーチは基本的に受容的・共感的な姿勢でクライアントと関わります。この姿勢は、心理療法家、カール・ロジャーズが始めた「来談者中心療法」に由来するものです。

　それまでのカウンセリングは、分析したり忠告したりする"指示型"のものが主流でした。ロジャーズは「非指示的カウンセリング」とも呼ばれたクライアント中心のセラピースタイルを確立。クライアントに対する無条件の受容、共感的理解をベースに、傾聴やおうむ返しを中心とした関わりをするようになりました。問題をどう解決したらよいか、その方法を一番よく知っているのはクライアント自身である。という考えに基づき、クライアントの体験を尊重したのです。

　人は自分が話したことをポジティブに受け止めてもらえたり、相手にプラスの影響を与えているのを見ることで、自己効力感を感じます。だから自分の話を尊重して耳を傾けてくれる人に好印象を抱き、心を開くのです。

　信頼できる人がアドバイスをしてくれたけれど、納得できず行動に移す気にならなかった、という体験、きっとあなたにもあるのではないでしょうか。反対にアドバイスなどしてくれなくても、とことん話を聴いてもらったことで、自分の頭の中が整理されて納得できる解決策が思い浮かんだという経験もあるでしょう。

　「この人の問題を解決しなきゃ」「この人のために役に立たないと」と思っているうちは、クライアントを主役にした関わりができていません。問題解決したり、目標を達成したりするのはクライアント自身であり、コーチはそのきっかけを提供するに過ぎないからです。何よりも大切なのは余計な雑念を手放して、クライアントがまるで自分自身と対話をしているかのような環境を提供すること。そして「この人の中に答えがあるんだ」と信じて関わることなのです。

第3章 コーチングの基本スキル

コーチングで成果を上げるには、いかにクライアントが心を開いて率直に話し、自分自身との対話を深めるかが大きなポイントになります。そこでこの章では、話しやすい環境づくりの方法からクライアントの気付きを促す効果的な質問の方法まで、コーチングの4つの基本スキルを分かりやすく解説します。

4つのスキルをマスターしましょう

3-1 傾聴と反応のスキル
―話しやすい環境づくり①

コーチングで成果を出すために大切なのは、クライアントがオープンに話ができる環境をつくることです。そこでコーチは相手がより安心して気持ちよく話ができるような聴き方、反応の方法を身につける必要があります。

相手に意識を向ける

あなたは「傾聴」という言葉に、どんなイメージを持っていますか？コーチングで人の話を聴く時は、ただ黙っているだけでなく、相手の言葉の背景にある想いや感情まで感じ取ることが求められます。きっと今このページに目を落としながらも、頭の中で違うことを考えている人がいるのではないでしょうか？人の話を聴く時も同じ現象が起こりがちです。私たちはいつも、頭の中でいろいろなことを考えながら生きています。けれどもセッションでクライアントと向き合っている時は、他のことを考えながら話を聴いてはいけません。傾聴の第一歩は"相手に意識を向けること"。コーチはクライアントの言葉だけでなくちょっとした感情の変化までしっかり感じ取るために、常に相手に意識を向け続ける必要があるのです。

リアクションを丁寧に

コーチは、①アイコンタクト、②うなずきとあいづち、③おうむ返しの3つを意識しながら相手の話を聴く必要があります。まず「アイコンタクト」ですが、コーチングでは、相手の気持ちやエネルギーの変化などを見逃さないよう、よく相手を観察する必要があります。ただし相手の目を見るということは、あくまでも"あなたを見守っていますよ"という意志を伝え、そして相手の変化を観察することが目的ですから、長時間凝視したり、視線を合わせ続ける必要はありません。クライアントがストレスを感じない程度に、やわらかく、包み込むようなまなざしを投げかけるようにしましょう。

次に「うなずきとあいづち」です。自分が話している時に、相手が何のリアクションも返してくれなかったらどうでしょう？話を理解してくれているのかどうか分からず、とても話しづらいはず。そこでコーチはうなずいたりあいづちを打つこ

3-1 傾聴と反応のスキル―話しやすい環境づくり①

とで「あなたの話を聴いています、そして理解しています」というメッセージを送る必要があるのです。

さらに、相手の言葉をそのまま繰り返して伝える「**おうむ返し**」というテクニックがあります。日常会話では、相手の言葉に対して何か自分の見解を述べるのが一般的。たとえば相手が「彼は、うちの部署の救世主なんです！」と言えば「ヒーロー的存在なんですね。」といった具合です。

ところが、コーチングはクライアントに気付きを深めてもらうことが目的ですから「おうむ返し」が適切です。クライアントが「彼は、うちの部署の救世主なんです！」と言えば「救世主なんですね！」と、ただ繰り返す。するとクライアントは自分の発した言葉を反芻することができ「そうそう。彼のおかげでホント職場の雰囲気変わったのよねー」といった気付きが生まれるのです。

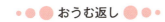
おうむ返し

崖っぷちに立たされると、結構やるんですよ、私。
話し手

崖っぷちねー。
聴き手

「おうむ返し」をすることで、クライアントは自分と向き合い、気づきを深めることができます。

3-2 ペーシングとミラーリング
―話しやすい環境づくり②

セッションの成果を上げるためには、クライアントが話しやすい環境づくりが必要でした。ここではさらに相手が"いつもの自分らしく話せる"状態をつくり出すテクニックを紹介します。

ペースを合わせる [ペーシング]

催眠術のショーを見たことはあるでしょうか？ 催眠術師が人に催眠をかける時、眠くなるような独特のペースで話をします。彼らがああいった話し方をしているのは、相手の呼吸に合わせて話をしているから。彼らは相手の呼吸をよく観察し、相手が息を吐くタイミングに合わせて、自分の話すセンテンスが終わるようにしています。そうすることで相手は催眠にかかりやすくなるのです。

私たちはヤケに騒がしい人や、驚くほどスローペースな話し方をする人など、自分と極端に"ノリ"の違う人に出くわすと、違和感を感じてイライラしたり不愉快になったりします。当然会話も盛り上がりません。ところが自分の"ノリ"と似ている人と一緒にいると、相手との一体感や心地よさを感じ、自ずと話が弾みます。そのためセッション時に相手の呼吸、話すスピード、声のトーンやボリューム、抑揚などにできる限り合わせることで、相手に安心感を与え、信頼関係を形成することができるのです。

また下町出身であるとか体育会系であるといった、その人のバックボーンよってもコミュニケーションスタイルは異なります。そういった相手のスタイルに合わせた話し方をすることも信頼関係づくりに大きな効果を発揮します。

見た目を合わせる [ミラーリング]

仲良しグループを観察していると、ファッション、歩き方、身振り手振り、話し方、言葉遣いなど、その人たちのパーソナリティを形づくっている共通点がたくさん見つかります。[ミラーリング]とは、仲良しグループの中で自然に起こる現象を、仲良くなる手段として用いるという逆転の発想です。私たちは自分と共通点のある人に対して親近感を感じます。とはいえ、人のバックグラウンドを知るには多

少時間がかかりますから、まずは話し方や見た目の共通点を演出していくことで、「この人は仲間だ」と感じてもらうことができ、よりスピーディーな信頼関係づくりが可能となるのです。

　具体的な方法としては、相手と同じような身振り手振り、座り方などを心がけます。また、相手の表情の変化に自分の表情を合わせていくことも大変効果的。つまりは相手の鏡のようにふるまうことが、相手の共感、安心感、信頼感を呼び起こし、相手がいつもの自分らしくふるまえる状況を生み出すのです。

話しにくい対応と話しやすい対応

3.3 傾聴を妨げる要素をなくすには？

人の話を聴くことは、簡単なように思われがちですが、ほぼ無自覚に行われている自分の頭の中の内的会話が、純粋に相手の話を聴くことを妨げます。いったいどんな内的会話が行われているのか、見てみましょう。

聴いているつもり、であることに気づく

あなたは勉強会などで人の話を聴いている時、どんなことを考えていますか？真面目に聞いているつもりでも、「お腹すいたなぁ」「話がつまんないなぁ」「前にも聞いたことあるぞ」「キレイな先生だなぁ」といったひとりごとを、頭の中でつぶやいてしまうことが、あるのではないでしょうか。同じように日頃1対1で人の話を聴いている時も、私たちの頭の中では、さまざまな内的会話が飛び交っているのです。

ありのままに聴くことを妨げる、8つのブロック

コーチングでは、どれだけ相手の話をありのままに受け止めることができるか、によって成果が大きく変わってきます。スムーズな傾聴を妨げる、代表的な8つのブロックをご紹介しましょう。

●評価・批判

自分と違う考え方や価値観を持つ相手に対して、間違いを指摘したりダメ出しをしたくなる。

●自分の意見

相手の話を聴いていて、自分の知っていることや考えていることを言いたくなる。どこで口をはさもうかと考えている間、相手の話が耳に入らない。

●競争意識

相手をライバル視して「私の方がレベルが高いな」「たいしたことないな」という風に、値踏みをしたり、自分の優位性を証明したくなったりする。そのため相手

の長所や美点に意識が向かなくなる。

●勝手な推測
　相手の言いたいことを先読みしたり、きっとこうなんだろうと勝手な推測をする。結果が分かっているつもりになり、相手の話を聴く気がしなくなる。

●先入観
　「この人は頭が悪い」「ろくなアイデアが出ない」などと思い込んでしまう。それが態度に出てしまい、相手にも伝わってしまう。

●興味関心
　相手が言いたいことではなく、自分が興味のあることに意識を向けてしまう。そのため他の大事な情報を見落としてしまう。

●同一視
　過去に出会った誰かと同じだと思ってしまって、目の前の人をありのままに見れなくなる。

●感情にとらわれる
　相手の話を聴いていて、感情が揺さぶられ、相手の話が耳に入ってこなくなる。

●●● 傾聴を妨げている"内的会話"に気づく ●●●

上司

部下

3-4 承認のスキル—相手を力づける

コーチングでクライアントのモチベーションを上げる大きな要素のひとつが、この承認のスキルです。普段のコミュニケーションでも大きな威力を発揮するこの"承認"のスキルを、より効果的に使うためのポイントについて考えてみましょう。

心から伝える

コーチングが人を力づけるのは、コーチが伴走者としてクライアントを常に見守り、可能性を信じて関わり続けるからです。そしてコーチがクライアントの資質、成長や変化をキャッチして"承認"することで、着実にクライアントの自信が育まれていきます。クライアントは、コーチから承認されることで「私のことをちゃんと分かってくれている」とより一層信頼を深めるのです。

コーチが本心から発した承認の言葉は、クライアントの心に響き、パワフルに力づけることができるでしょう。それがうわべだけの単なるお世辞であれば、決してクライアントの心には響きません。またコーチはクライアントを承認した際、相手がその言葉をどう受け止めたか、ちゃんと観察しておく必要があります。クライアントの身振り手振り、口調、表情をしっかり観察していれば、承認の言葉が心に響いたのか、それとも違和感を感じているのかがよく分かるはずです。

自信を深める

ここで、承認の具体的な例を挙げてみましょう。

クライアント：この前お話していた、新規事業の話があったでしょう？ 昨日その件でミーティングがあったんですよ。

コーチ：それで、どうなりましたか？

クライアント：最初私がアイデアを話した時は、周囲の猛反対にあって少しひるみましたが、最終的にみんな賛成してくれましたよ。

コーチ：猛反対にあいながらも、よく強い意志をもって臨みましたね。

クライアント：ありがとうございます。絶対顧客のためになる。だからやるんだ！

3-4 承認のスキル—相手を力づける

> という強い意志の力がなくては、あの強烈なプレッシャーの中でみんなを納得させることは難しかったです。我ながらよくやったと思います。

コーチ：逆境の中にいながら、その強い意志をキープしていたものは何だったのでしょう？

クライアント：やはり情熱だと思いますが、このビジネスが成功するということを裏付けるための綿密な調査なしには実現できなかったでしょう。

コーチ：情熱と綿密な調査なのですね。

承認のスキルは、クライアントが持っている資質にスポットライトをあてる行為であり、クライアントが自分の強みに意識を向け、自信を深めるために用います。この会話例ではコーチの言葉によって、クライアントは"強い意志"という強みを再確認し、自信を深めています。

承認の効果

3-5 フィードバックのスキル
―気付きを提供する

コーチングでは、クライアントが自ら話してそれを反すうしたり、コーチから受けた質問について考えることで気付きを得て行きますが、コーチが感じたことをフィードバックしてもらうこともまた、大きな気付きのきっかけになるのです。

感じたことを伝える

　私たちは他人のことには良く気が付くのですが、自分のこととなると意外に気付いていないことが多いものです。

　とりわけ日本人は日常生活の中で、自分の感情を抑える傾向があります。特に怒りや不満といったネガティブな感情がわいてきた時は、それをなるべく表に出さない方がいいと考え、自分の感情にフタをしている人が多いのではないでしょうか。ところがそれを続けていると、いつの間にか自分の心の声を無視する習慣ができあがります。誰かと話していてカッときても「怒るのは大人げないことだ。」と考えたり、仕事で大きな壁にぶつかり不安感が襲ってきても「男だから強くあらねば」などと考え、平気なフリをしてしまうのです。

　けれども感情は決して不要なものや悪いものではなく、私たちを守ってくれる大切なもの。怒りや悲しみ、恐れの感情は、私たちに大切な気づきをもたらしてくれます。

　日頃感情を抑えがちな人にこそ、コーチングは大きな効き目を発揮します。なぜならコーチから「怒りを抑えている感じがします」「不安感が伝わってきます」といった**フィードバック**をもらうことによって「あ！気づいてなかったけど確かに私、腹が立ってる」とか「こわいっていう感情を見て見ぬフリしてたなぁ」という気づきが得られるからです。怒りや恐れの感情を抑えて仕事に取り組んでいても、十二分に能力を発揮することができず、成果も上がりません。怒りや恐れの出所を突き止め、それを解消する対策を立ててこそ、本当に持っている力をフルに発揮することができるのです。

Iメッセージ

　このフィードバックを行う際に使うと効果的なのが、"I(アイ)メッセージ"です。たとえばあなたが日常業務の片手間に30分ほどでチャチャッと作った企画書を上司に見せて"素晴らしいね！と絶賛されたらどうでしょうか？おそらく心に響くことはないでしょう。ところが"さすが○○君。感心したよ"と言われたらどうでしょうか。前者の"素晴らしいね！"は"YOUメッセージ"つまり「あなたは~だ」という決め付けになりますが"感心したよ"はあくまでも"Iメッセージ"「私は~と思う」であり、その人自身の見解に過ぎません。そのため比較的受け止めやすくなるでしょう。

　たとえばあなたが友人に「会社をやめて独立しようと思っているんだ」と話したとしましょう。心の奥にある不安を隠しながら自信たっぷりに話したつもりが、「不安なんだね」と言われたらどう感じるでしょうか。きっと決めつけられた感じがして抵抗を感じることでしょう。ところが「不安そうに見えるけど」と"Iメッセージ"で言われたらどうでしょうか。あくまでも相手の感想なので、比較的素直に受け止めることができるはずです。

気付きを提供する

非常に強い怒りを感じます。

えっ!?分かります？

私の努力を踏みにじられた気がして、許せないんです!!

コーチ　　クライアント

3-6 パワフル・クエスチョン
―視野を広げる質問

クライアントの"宝物"をどれだけ引き出すことができるか。それはコーチの"質問"の質で決まるといっても過言ではありません。相手の本質を引き出すパワフル・クエスチョンとはどのようなものでしょうか。

2種類の質問

"**質問**"は、コーチングにおいてクライアントの新たな気付きを引き出し、可能性を広げる魔法のツールです。質問に答えることによって、クライアントは未来に向かって大きな一歩を踏み出すきっかけを手に入れることができます。

たとえば「今の仕事は好きですか?」と聴かれたら何と答えるでしょうか? 選択肢は、YES、NO、どちらでもない、のいずれかでしょう。ところが「今の仕事のどんな所が好きですか?」と聴かれたらどうでしょうか。普段はあまり考えたことがなくても「いろんな業界の人たちと出会えるのは魅力かもな」「尊敬する上司と一緒に仕事ができる点かな」「お客さんから直接喜びの声が聴けることかな」という風に、自分の内面と対話していくうちに、さまざまな要素が浮かび上がってくるはずです。

前者の「今の仕事は好きですか?」は**クローズド・クエスチョン**と呼ばれ、情報収集や確認などに使われます。そして後者の「今の仕事のどんな所が好きですか?」は**オープン・クエスチョン**と呼ばれ、クライアントのリソースを引き出したり、ビジョンを創り上げたり、行動を促すことに使われます。コーチングでは主にこのオープン・クエスチョンを中心に用います。

パワフル・クエスチョン

このオープン・クエスチョンの中でも、とりわけ本質的なところにズバッと切り込んだり、視野を一気に広げたり、大局的なものの見方ができるようになる質問を、**パワフル・クエスチョン**といいます。例をあげてみましょう。

クライアント：うちの会社、残業がひどいんです。しかもここ2年ほど給料も上

3-6 パワフル・クエスチョン―視野を広げる質問

がっていないし、ボーナスも相変わらず気持ち程度だし、本当にイヤになりますよ。社内の雰囲気も悪くて、毎日仕事に行くのがとても苦痛です…

コーチ：なるほど…それで、あなたはどうしたいのですか？

クライアント：えっ！？…そりゃもっと待遇のいいところに行きたいですけど、それには新しいスキルを身に着けたりしてもっと市場価値を上げなくてはならないし、そう思うとプレッシャーになって…

コーチングで用いられる質問は、シンプルであればあるほど大きな気付きを促す力を持っています。たとえば"あなたにとって仕事って何？"といった類の質問です。このようにハッとさせられ、深く考えさせられる質問は、クライアントの信念やこだわり、使命感を引き出します。また、前述の例のように被害者的な思考に陥っているクライアントに対して投げかけられた"それで、あなたはどうしたいのですか？"という質問は、時間のムダをなくし、自発性を引き出すのに大変効果的です。

●●● 視野を広げる質問 ●●●

3-7 未来志向と解決志向の質問
―可能性を引き出す質問

質問を投げかける際に気をつけなくてはならないのは、"尋問"にならないようにすることです。クライアントを問い詰めるのではなく、クライアントの発想をより豊かにし、可能性を引き出す質問とはどのようなものなのでしょうか。

 なぜ？ どうして？

　部下が何か失敗をしたとします。上司が「なぜ失敗したの？」「どうしてできなかったの？」という質問を投げかけたら、部下はどんな気持ちになるでしょうか。これらは一応質問という形態にはなっていますが、理由を求められているというよりも、むしろ、なじられている、非難されているというニュアンスの方が強くなります。コーチングでは"過去"や"問題"に焦点をあてるのではなく、"未来"と"可能性"に焦点をあてます。

　「なぜ？」や「どうして？」を使った質問がすべて尋問的になるわけではありませんが、質問する際には、どんな意図で質問しようとしているのか、そしてその質問を受けたクライアントがどんな気持ちになるだろうか、ということを考えてから投げかけると良いでしょう。

 未来そして可能性へ

　前述の「なぜ失敗したの？」「どうしてできなかったの？」という質問を未来と可能性に向けた質問に置きかえると、「どうしたら成功した（する）と思う？」「どうすればできた（できる）と思う？」という質問になります。このニュアンスの違いから会話にどんな違いが生まれるのか、事例を挙げてみましょう。

●事例1
　部下：昨日の新しいお客さんへの提案、失敗してしまいました。
　上司：なぜ失敗したの？
　部下：申し訳ありません。せっかくセールストークをいろいろ教えていただいたのに…。緊張してしまって…。

3-7 未来志向と解決志向の質問―可能性を引き出す質問

●事例2
部下：昨日の新しいお客さんへの提案、失敗してしまいました。
上司：どうしたら成功したと思う？
部下：もっとニーズを引き出しながら説明したらうまくいったのではないでしょうか。説明が一方的過ぎたんじゃないかと思います。

　事例1の場合は、上司の質問を受けて部下が恐縮してしまっています。事例2の場合は"原因追求"ではなく、"問題解決型"の質問ですから、部下は昨日のやり取りを思い浮かべながら改善点を考えています。事例1の場合も2と同様昨日のやり取りを思い浮かべるのですが、非難されている印象が強く、質問に答えようというモチベーションが上がらないのです。
　私たちが常日頃無意識に使っている言葉が、相手を攻撃するようなニュアンスになっていることがあります。コーチングは相手を追い詰め弱点を攻撃するためにあるのではなく、人の能力や可能性を引き出すために活用するメソッドです。どういう言葉を使うと、相手の内面に眠っている宝物を引き出せるか？と考えて質問するようにしましょう。

●●● 可能性を引き出す質問 ●●●

上司：わが社のトップセールスマンになった5年後のキミなら、何てアドバイスするかな？

部下：えーっ！？未来の僕からですか？
まずは見込み客と友達になれって言うと思います。それから「あなたの役に立ちたい」という気持ちを伝えろと。

3-8

具体化のスキル
―望みを明確にする質問

コーチングのユニークなところは、クライアントの口にする抽象的な言葉をどんどん明確化していくことで、本人の心が望む未来像を具体化することができる、という点です。ここではそのプロセスについて解説します。

言葉の意味を明確にする

　私たちはみんな異なるバックボーンを持っています。そのため日頃、同じ話を聴いたとしても、ひとり一人違う解釈をしているのです。たとえばある人が"もっとクリエイティブな仕事をしたいな"と言っているのを、3人の同僚が聴いていたとしましょう。Aさんは「あいつ広告の仕事がしたいのかな」と思い、Bさんは「あいつまた音楽業界に戻りたいのかな」と考え、Cさんは「企画や開発の仕事がしたいのかな」と推測し…という風に、三者三様に異なる解釈をしている可能性があります。

　このように、まわりの人たちもさまざまな解釈をするのですが、実はその言葉を発した本人でさえ、自分の言葉の意味を的確につかんでいないことが多いのです。

　コーチングを受けると自分が口にしている言葉の意味がどんどん具体化されていき、問題の核心や本当の望みがはっきりして行くのです。具体化の事例を挙げてみましょう。

願望の具体化

クライアント：私、もっと自由に仕事がしたいんです。

コーチ：「自由」ってどういうことですか？

クライアント：選択の自由が欲しいというか…会社の決めた外注先だけじゃなくて自分の目で選んで、これは、と思った会社に依頼したいんですよ。

コーチ：これは、と思った会社に依頼するとどうなりそうですか？

クライアント：今の外注先は馴れ合いになっていて、仕事のクオリティが低いんです。だけど、私がいいなと思って頼んだ会社となら、お互

いに敬意や感謝の気持ちを持って、いいものを作ろうと意欲的に取り組めると思うんですよね。

コーチ：今話してみていかがですか？

クライアント：確かに先方も馴れ合いになっていて緊張感に欠けているとは思うのですが、考えてみれば私も向こうに対して全く期待していなくて、敬意とか感謝の気持ちなんて、まるで持ち合わせていないことに気がつきました。まずは私自身の姿勢を改めなくてはいけませんね。

　この事例ではコーチがクライアントの「自由」というキーワードに焦点をあてて掘り下げています。そしてクライアントは「自由」という言葉を通して自分が訴えたかったことについてじっくり考えています。

　そしてコーチは、クライアントから出てきた言葉の中から、さらにカギになる文章を選んで、深く掘り下げていきます。そうすることで、クライアントが本当に望んでいることが何であるか、やるべきことは何なのかが浮き彫りになったのです。

●●● **本当の望みを明確にする** ●●●

コーチングを受けると、自分の発する言葉の意味を深く掘り下げてもらえるので、自分が心の深いところで何を望んでいるのかが、はっきりしてきます。

3-9 五感に問いかける
―心の声を引き出す質問

忙しい現代社会の中で、私たちは日々頭で考えることに意識を集中しており、五感で感じることにフタをして生きています。けれども五感からの情報こそ、私たちのありのままの心の状態を素直に教えてくれるシグナルなのです。

身体で感じる

　頭で考えてもなかなか言葉が出てこず、セッションが前に進まないことがあります。そんな時はクライアントが身体で感じていることをヒアリングすることで、突破口になったり、心の声に気づくきっかけとなります。例をあげてみましょう。

クライアント：あの会社にいた頃みたいに、毎日が輝いていたらな…と思うんです。

コーチ：毎日がどんな風に輝いて見えたのですか？

クライアント：出会う人も見る物も何もかもが新鮮で、きっと私この東京で生まれ変われるって感じたんです。

コーチ：「生まれ変われる」って感じた時のことを思い出してみてください。何を感じますか？

クライアント：これから何が起こるか分からないワクワク感です。今でも山手線の発車メロディを聞くとその感覚がよみがえってきます。でも…考えてみたら、その頃イメージしていた未来よりも、はるかに素晴らしいところにいるんですよ。私。だけどワクワクすることがないとエネルギーが湧かないんですよね〜。待っていないで探してみます！

　五感にアプローチすることにより、過去の成功体験、物事がうまくいっていた頃の喜びやうれしさ、感動といったプラスの情動が呼び起され、それがリソースとなって現在のクライアントが前に進んでいくきっかけとなるのです。

3-9　五感に問いかける—心の声を引き出す質問

🔴 沈黙が続いたら

　五感に問いかける方法は、クライアントが黙り込んでしまった時にも使うことができます。沈黙している理由にも「ぴったりくる言葉を探している」「質問の内容にふさわしい答えを探している」「何も思いつかなくて黙っている」「感情のたかぶりが落ち着くのを待っている」などいろいろあります。

　基本的にコーチは"クライアントが自分の中に答えを見つける力を持っている"ことを信じて温かく待つことが望ましいのですが、クライアントがアウトプットすべきは"コーチの望む正しい答え"ではなく"自分にとってプラスになる気付きやアイデア"です。

　そこで、何も思いつかなくて黙っていると感じられた場合や、ぴったりくる言葉を探して頭で考え過ぎている場合に、「何を感じていますか」「何が見えますか」「何が聞こえますか」といった、五感に問いかける質問が効果的なのです。

　すると、クライアントは正しい答えをアウトプットすることにとらわれることなく、「頭の中がもやもやしています」「お腹に大きなオモリが入っているような感じがします」といった感覚的な言葉を口にするでしょう。その言葉を糸口としてさらにヒアリングを進めることで、クライアントの心の声を引き出すことができるのです。

●●●　心の声を引き出す質問　●●●

3-10 リフレーミングのスキル
―視点を変える質問

人は生まれ育ってきた環境によって、さまざまな考え方や思い込みを身に着けています。「リフレーミング」とは、これまでの思考の枠組みから外に出て、物事を違った視点からとらえなおす手法。これをどのようにコーチングに活かすのかを考えてみましょう。

モノの見方を変える

私たちは日頃自分のモノサシによって、物事を評価・判断しています。そのため適切な判断ができている場合もありますが、知らず知らずのうちにモノの見方が固定化されてしまい、新たなアイデアを生み出したり、問題解決の手段を見つけることが困難になってしまうこともあります。

たとえば梅雨の時期が来ると、ほとんどの人は"毎日ジメジメして、うっとうしい季節だな"と思うことでしょう。ところがお米や野菜の気持ちになって考えてみると、梅雨は"生育に欠かせない恵みの雨の季節"なのです。朝起きて窓を開けた時、盛大に雨が降っていたとしても「恵みの雨だ。ありがたい。農作物がすくすく育つ」と"リフレーミング"することで、少なからず気分が変わるのではないでしょうか。

このリフレーミングを用いることで、クライアントがマイナスだととらえているものをリソースとしてとらえることができます。事例を挙げてみましょう。

クライアント：私、うつ病で丸1年も会社を休んでいたんです。だから未だに周りから「彼女に仕事まかせて大丈夫かな…」という目で見られている気がしてすごく居心地が悪いんですよ。

コーチ：もし、うつ病で休んでいたことが、あなたの仕事や人生にとってプラスに働いているとしたらどうでしょう？

クライアント：そうですねー。人事担当としてメンタルヘルス対策の重要性を誰よりも分かっているのは私ですし、私の使命はそれを社内に浸透させることです。だから、うつ体験は会社にとっても私の使命を見出すためにも、役に立ってくれているといえるかも知れませんね。

コーチ：今後その体験をどう活かしていきたいですか？
クライアント：自分がどう見られているか、ということに意識を向けている場合じゃないですね。社員全員が心身共に健康で働けるように、私がいろんな部署にヒアリングに出かけていって、必要な働きかけをして行きたいと思います。

何でもリソースになる

　前述の例のように、クライアントが自分にとってマイナスだと思っていたものを、リフレーミングを用いることで資源として活用できるようになるのです。いったんクライアントがその考え方を身につけると、あらゆる日常の出来事に応用することができます。

　コーチ自身もスムーズにこのスキルを使うことができるよう、日頃からリフレーミングを使う習慣を身に着けると良いでしょう。

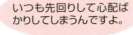

視点を変える質問

そのせいで、得をしているとしたら？

いつも先回りして心配ばかりしてしまうんですよ。

たしかに根回しや気配りは怠らないので、世渡りするのにプラスになっています。

コーチ　　クライアント

> コーチングでは物事の枠組みを変えることで、クライアントがマイナスだととらえているものをリソースとしてとらえなおすことができます。

3-11 外在化のスキル
―客観視を促す質問

私たちは何かうまく行かないことがあると、"人の中"に問題があると考えます。コーチングでは"ナラティブ・セラピー*"の"外在化"という考え方を採り入れ、"問題"をクライアントの外に出し、コーチとクライアントの共通の敵として扱います。

人と問題を切り離す

コーチングでは目標達成、さらなる向上、幸せに生きるためのサポートを行いますが、当然そのプロセスの中で、クライアントの抱える問題を解決することも必要です。その際に有効なのが、この「外在化」。クライアントの中に問題があるのではなく、"クライアント"と"問題"を切り離して考えるアプローチです。

私たちは物事がうまく行かないと、たいてい自分を責めたり、他人を悪者にするなど、人と問題を一体化して考えてしまいがちです。ところがこの外在化のスキルでは"問題"を"おじゃま虫"のように擬人化して、クライアントの外にいて足を引っ張っている存在として扱います。クライアントとコーチが二人三脚で虫退治*するというシナリオをつくるのですが、ここでひとつ事例を挙げてみましょう。

擬人化する

クライアント：仕事が立て込んでいる時に限ってインターネットをやりたくなったり長電話をしたくなったりするので、困っているんです。

コーチ：あなたにインターネットや長電話をさせている虫がいるとしたら…どんな名前をつけますか？

クライアント：「おじゃま虫」にしてみます。

コーチ：どんな時に「おじゃま虫」は活動をはじめるのでしょう？

クライアント：私の集中力が途切れてきた時や、他のことを考えている時や、仕事に飽きてきている時です。

コーチ：逆におじゃま虫が大人しくしている時は？

＊ナラティブセラピー 問題をその人のアイデンティティから切り離して考えることを特長とする手法。人が本人の人生における専門家として位置づけられている。

＊虫退治 家族療法の第一人者である東豊氏が、著書「セラピストの技法」の中で"虫退治療法"を発表。日本のセラピストの間で一大ブームとなった。

3-11 外在化のスキル—客観視を促す質問

クライアント：わき目も振らず仕事に集中している時や、納品前でタイマーを設定して原稿を書いているような時、うーんそれにほれぼれするような文章を書いていて自分に酔っている時です。

コーチ：おじゃま虫を大人しくさせておくのに、良い方法があるとしたら何でしょうか？

クライアント：細かいタイムスケジュールをつくって、取引先の担当者に「何日の何時何分までに必ず納品します」とメールで宣言すると良さそうです。そんな風に、集中できる状態をつくるといいアイデアがどんどん出てきて、自分に酔える文章が書けそうです。これでおじゃま虫の出番もなくなりそうですね！

このように"問題"を擬人化し、クライアントと切り離して扱うことで、解決策を考える際に客観性が生まれます。そして、クライアントは自己嫌悪に陥ったり、誰かを責めることもなく、コーチと二人三脚で解決に取り組むことができるのです。

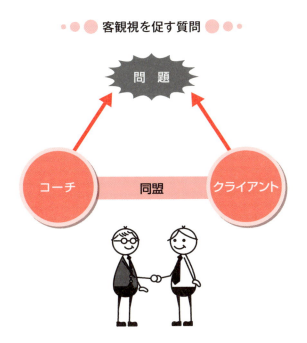

客観視を促す質問

3. 12 提案と意見

流派にもよりますが、コーチングでは基本的にアドバイスは行いません。けれども
上司が部下にコーチングを行う際など、情報を提供した方が良いと判断した時は
行うこともあります。そんな時に意識すると良いことは何でしょうか?

考えるのはクライアント

普通の悩み相談の会話では、お互いに解決策を考えますが、コーチングが普通
の会話と大きく異なるのは、解決策を考えるのはあくまでもクライアントである
という点。コーチは一緒になって考えるのではなく、ただ"黒子"としてクライアン
トが話しながら頭の中で整理することができるよう、話しやすい環境を整え、傾
聴し、質問をして感じたことを伝える役割を担うのです。

しかし時にはクライアントが煮詰まってしまい、なかなかアイデアが出てこな
いこともあるでしょう。また上司・部下間のコーチングでれば、「ここはアドバイ
スした方が良さそうだなぁ」と上司が判断することもあるでしょう。その時にベ
ターな方法は、"提案"を"質問"として投げかけること。つまり「うちの部署で一番
詳しいA君に聞いてみたまえ」と言うのではなく「うちの部署で一番詳しいA君に聞
いてみたらどうなると思う?」と質問形にするわけです。

そうすることで部下は、コーチからの提案を受け入れると、どんな未来が手に
入るのか、いったん自分の視点でイメージすることができます。するとその提案
を受け入れる際に「自分で吟味して選択したのだ」という意識を持つことができま
す。つまり提案ではあるけれども、部下の自発性を尊重することができるのです。

なるべく早く戻す

またセッション中にクライアントから「この件についてコーチはどう思いますか?」と意見を求められることもあるでしょう。そんな時「あなたはどう思います
か?」とそのまま質問を投げ返す方法もあります。しかしコーチが「ここで私の見
解を述べることがクライアントにとってプラスになるだろう」と判断するのであれ
ば「私は…と思います」と自分の見解を述べ、その後できるだけ早いうちに「それで、

あなたはどう思うのですか？」とクライアント中心の会話へと戻すと良いのです。
　なぜならばコーチングというクライアントの可能性を拡大する時間の中で、クライアントが自分で考えるのをやめてコーチに依存するという危険性を最小限に食い止めるためです。セッションという限られた時間の中で、クライアントが自発的に考え、自分の意志で選択し、自分で行動計画を立てるというプロセスをより効果的に行い、クライアントが最大の成果を得ることができるよう工夫しましょう。

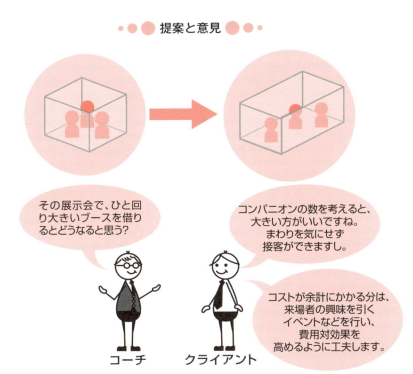

予測し納得した上で提案を受け入れると、自己責任意識を持つことができる。

第4章 コミュニケーションの基礎づくり

相手のことをよく知り、より良い人間関係をつくるためには、どのような聴き方が効果的なのでしょうか。そして相手に受け入れてもらいやすいのはどんな話し方なのでしょうか。ビジネスや日常生活で効果を発揮する、コーチングスキルを活用した、聴き方・話し方について紹介します。

カベがあると、本音を話してもらえません

今日の会議で何話そう？	内的会話
その話題、つまらないな	無関心
その考え方間違ってるよ	否定
やる気のない人だな	先入観
嫌われないようにしよう	防御

話す気になれないなぁ～

カベがなくなると本音で話してくれます

もっと知りたいな

面白い人だな

どうして○○が好きなんだろう?

そんな考えもあるんだ!

私はみんなが楽しく仕事できる社会をつくりたいんですよ

モチベーション上がってきました

どんどん話したくなるな

興味関心

白紙で聴く

意識を相手に向ける

先入観を捨てる

価値観に寄り添う

コーチングスキルには、コミュニケーションにおいて
大切な要素が全て詰まっています

4-1 相手に関心を持つ

「何を話したらいいのだろう」という悩みの一番の解決策は"相手に関心を持つ"ことです。相手に意識を向けると、表情や態度、声などから、さまざまな情報をキャッチすることができます。それらを活かせば、相手の心をつかむ会話が可能になるのです。

知っているつもりで知らない

「自動車を後ろから見た絵を描いてください」といわれたら、どんな絵を描くでしょうか？ マイカーを持っている人、仕事で車に乗っている人はもちろん、たいていの人たちは毎日たくさんの車が街を行き交うのを見ています。だから私たちは、自動車がどういうものか知っているつもりになっています。ところがいざ絵を描こうとすると、自分の記憶の中にある"自動車"のイメージが実にあいまいであることに気づくのです。ナンバープレートはどのくらいの高さにあるのか、ライトは何種類あって、どの位置についているのか、といったディテールが分からないという人が多いのではないでしょうか。

人に関してもこれと同じです。同僚や友人の好むファッション、よく話題にするネタや趣味などは、ざっくりと把握しているかも知れません。しかし、どんなこだわりや使命を持って仕事をしているのか、何が生き甲斐なのか、といったその人の心の深い部分まで知っている人はあまりいないのではないでしょうか。

関心を持つと情報が入ってくる

「引っ越ししよう」と思った途端、街を歩いていてたくさんの不動産屋が目についたり、英会話を勉強したいと思った途端、英会話スクールの看板が目に飛び込んできた、という経験はないでしょうか。これは決して偶然の出来事ではありません。あなたが「引っ越し」や「英会話」というキーワードに反応するアンテナを立てたから、たくさんある情報の中からそれらをキャッチできただけなのです。

「他人と何を話したらいいのか分からない」という人に共通するのは"相手に関心がない"ということ。「相手のことを知りたい」と思えば、自然に相手に意識が向きます。すると相手の髪型の変化に気づいたり、表情から感情を読み取ったりする

ことができるようになります。

　コーチングを学ぶとそんなふうに相手の変化に敏感になりますから、相手に驚かれるようになります。たとえば「新しい仕事はどう？」と聞いて、相手が「なかなか面白いよ」と浮かない顔で言ったとします。声もちょっと沈んだ感じです。そう気づいた時にすかさず「という割には、あまり面白くなさそうだね～」とフィードバックしたとしましょう。相手は「えっ！？　分かる？」と、驚き、自分の本心に気づいてくれたことでより一層信頼するはずです。私たちの感情は少なからず、表情や態度、声のトーンに表れます。ですから、会話の時に相手に意識を向けていれば、話している内容と本心にギャップがあることに気づいたり、大好きなタレントやスポーツ選手の話をしている時、相手のエネルギーがグンと上昇するのを感じたりします。コミュニケーションの基本は、何よりもまず**相手に関心を持つ**ことなのです。

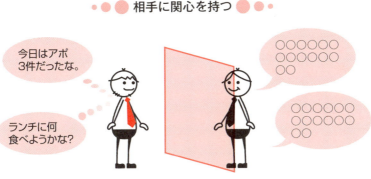

相手からの情報をキャッチできない

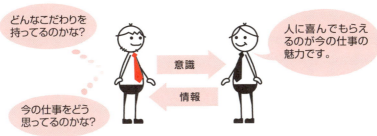

関心を向けると情報が入ってくる

4-2 とことん聴いてもらう効果

コーチングで用いる"聴く"(listen)とは、聞く(hear)とは違い能動的に相手の話に耳を傾けるという意味合いを持ちます。相手に充分に話してもらうための、聴き方のポイントをお話しましょう。

聴き方が与える影響

コーチングの普及と共に"聴くこと"の大切さを伝える本が数多く出版されています。うまく話すにはそれなりの技術やトレーニングが必要であるのと同じように、うまく聴くことにも技術が必要であり、また日々の積み重ねがとても大切です。

たとえば自分が話している時に、聴き手がそれに耳を傾けてくれずに「何を話そうか。「いつ口をはさもうか」と考えていたら、どんな風に感じるでしょうか。おそらく話し手は「ちゃんと聴いてもらえていないな。落ち着かないな。気分が乗らないな」という風に感じるでしょう。

聴き手が何を話そうかと考えていたり、自分の意見を言いたくてイライラしている時は、話し手の話にあまり興味を持っていない状態です。それを感じ取った話し手は、話すモチベーションが下がります。するとますます聴き手が興味を失い、聴く気を無くしてしまうという悪循環に陥るのです。

人の話を聴いている時に自分の内側に意識が向いていては、本当の意味で<相手と共にいる>とはいえません。物理的には空間を共有していても、心理的には違う場所にいるのです。

日本人は協調性を大切にします。そのため空気を読む傾向が強く、話しながら相手の思惑を気にしてあれこれと考えます。「この人、私の話に興味がないみたいだな」「私、間違ったこと言ってるかな？」「何かインパクトのあること言わなくちゃ」という具合にです。

だからこそ人の話を聴いている時は"あなたの話を聴いていますよ""あなたに関心を持っていますよ"という意思表示をすることが大切なのです。すると話し手に安心感を与えることができ、のびのびと本音で話してもらえるようになります。「この人の話、つまらないな」と思った時は、自分の意識や態度を振り返ってみましょ

う。聴き手が変われば話し手も変わります。

自己表現の欲求

　コーチング的なコミュニケーションスタイルを身につけると、"空っぽ"になってとことん相手の話を聴くことができますから、話し手は心がとても軽やかになります。「なぜか分からないけど気持ちよく話せるな」「この人いい人だな」「自分に興味を持ってくれているな」と思えるからです。日本人は元来人の気持ちに敏感で、人にうまく合わせようとする民族ですから、オープンに受け入れてくれる相手と出会えることはすごくありがたいことなのです。"空気を読む"ことの呪縛から解き放たれるわけですから。

　"とことん聴いてもらう"ことには大きな浄化作用があります。普段は無口なのにネット上では別人のように饒舌になる人がいますが、なぜだと思いますか？ 人はアウトプットしたい生き物だからです。自己表現するということは自分が生きていることの証であり、この効果に着目したのがコーチングであるといえます。"**聴く**"という行為は単に相手が話している間黙っているということではなく、心を開いて相手の存在や想いを受け止める行為。だから真正面から向き合ってしっかり聴いてもらえると、大きな喜びが生まれるのです。

● ● ● **とことん聴いてもらう効果** ● ● ●

あの部長とですね! どうでした？

昨日A社の部長といろいろ話しましてね。

いろいろ情報収集できたのですね。

好奇心

いろいろと情報収集できたので、今後の戦略づくりに役立ちそうです。

話しやすいな。

4-3 先入観を手放す

私たちは人の第一印象や日頃のコミュニケーションの積み重ねによって、さまざまな先入観を持っています。この先入観を手放すことで、人間関係に大きな変化を起こすことができます。

想いは態度をつくる

人とコミュニケーションを取る時に、何が一番のネックになっているのでしょうか。それは、相手に対して持っている先入観、つまり思い込みなのです。よくある例として、上司が部下に対して「この部下はいつもロクなアイデアを出してこない」とか「デキが悪くて使えない」という思い込みを持っているケースが挙げられます。

この上司は部下と接する時にどんな態度をとっているのでしょうか。おそらく無意識のうちに部下を小バカにした顔つきになっていたり、鼻で笑ったり、イライラしながら指先でデスクを小刻みに叩いていたりすることでしょう。つまり相手に対する否定的な気持ちが態度の端々に表れているわけです。

一方、その部下はというと「この上司はボクの言うことをちゃんと聴いてくれない」「威圧的で愛情のない人だ」「この人に何を言ってもムダだ」という思い込みを持っているかもしれません。そして無意識のうちに、この上司の前に行くと表情がこわばっていたり、背中が丸まっていたり、上目づかいで顔色を伺うような態度をとっていたりするのです。

人のパーソナリティの中にはいろいろな要素があり、時・場所・相手によって見せる顔が異なります。部下に冷酷な顔を見せる上司も、別の部下に対してはやさしい顔を見せていたり、家庭に帰れば子供にべったり甘いパパかも知れません。そして部下も、気の置けない仲間の前ではジョークを連発しているかも知れないし、知る人ぞ知る名シンガーだったりするかも知れません。

先入観を手放す

この上司部下のケースは、お互いが相手に対して見せている態度が「部下に期

待できない冷酷な上司」と「上司に期待されないダメな部下」という"being"（あり方）を持続させてしまっています。多くの望ましくない人間関係は、この例と同じお決まりのコミュニケーションパターンにはまっているのです。

そこでこの上司が「彼の能力を何とか引き出したい」と考えるのであれば、まず取り組むべきことがあります。それはまず、上司自身が"できが悪くて使えない部下"という色メガネを通して部下を見ていることに気付くこと。そして部下をありのまま受け止め、長所に目を向けることが大切なのです。

その時に"**セルフモニタリング**"といって、上司が自分の表情や態度を第三者的視点から観察するとより効果的です。つまり「今の自分の態度は、部下から見るとどんな風に見えているだろう？」ということを客観視するのです。

他人の態度に対して神経質になっている人ほど、自分の態度については案外無頓着になりがちです。そこでうまく行っていない人間関係をより良くしたいのであれば、まず相手に対する先入観を手放すことで、自分の態度を変化させることが肝心。すると相手に与える自分の印象が変わり、人間関係に変化を起こすことができるのです。

●●●● 上司が先入観を手放すと… ●●●

4-4 事柄ではなく人に焦点をあてる

「この人と話していると、時間を忘れてしまう」そんなふうに相手の心をつかめる人は、話の内容ではなく、相手そのものに意識を向けています。内容に意識を向けた場合と、相手に意識を向けた場合でどんな違いがあるのでしょうか。

多くの人がやってしまっていること

私たちは、人の話を聴きながら、もうひとつの声を聴いています。それは"自分の心の声"です。たとえば目の前の相手が、楽しそうにゴルフの話をしていたとしましょう。あいづちを打ちながら相手の話を聴いていたとしても、自分がゴルフにまったく興味を持っていなければ「一体ゴルフのどこが面白いんだ」「まったく朝早くからご苦労なことだねぇ」などという、心の声が聞こえてくるものです。ゴルフが好きだったら好きで「ゴルフはいいよね～！」「あのコースは最高だったなぁ」「どこのクラブを使っているんだろう？」というふうに、"心の声"が、自分の感情や記憶、興味関心についてささやきます。こういう話の聴き方では、残念ながら相手の心をつかむことは難しいでしょう。

関心のない話題でも楽しめる

では"心の声"に耳を貸さないためにはどうすればいいのでしょうか。それが「**事柄ではなく人に焦点をあてる**」という方法です。下記の2つの例を比べてみましょう。

●事柄に焦点をあてている場合

部下：いつもお休みの日は、どうされているのですか？

上司：ゴルフによく出かけるよ。

部下：ゴルフって朝早くて大変じゃないですか（眉をひそめながら）

上司：まぁ、朝早いのは、正直ちょっとツライけどね。

部下：ですよね～。

4-4 事柄ではなく人に焦点をあてる

●人に焦点をあてている場合
部下：いつもお休みの日は、どうされているのですか？
上司：ゴルフによく出かけるよ。
部下：へぇ～ゴルフに！どんなところが魅力なんですか？（目を輝かせながら）
上司：どうやったらスコアが上がるか、試行錯誤するのも楽しいし、何よりいい運動になるからねぇ。（笑顔で）
部下：部長のナイスボディの秘密はゴルフだったんですね！

　事柄に焦点をあてている例では、話を聴いている部下が、"自分がゴルフに対して抱いているイメージ"に基づいて、質問をしています。ところが人に焦点をあてている例では、"上司にとってゴルフとはどういうものなのか"という部分に関心を持って質問しています。

　私たち人間は、生まれながらにして人から認められたいという"承認欲求"を持っています。だから人から興味を持たれると満足感が生まれるのです。前者のように、「事柄」について会話が展開されても、"承認欲求"は満たされないので満足感は生まれません。後者のように「自分」に意識が向けられた質問を受けると、関心を持ってくれているな、尊重されているなと感じ、"承認欲求"が満たされるのです。ですから、話題そのものに関心がなくても、相手に興味を向けることで会話が弾むのです。

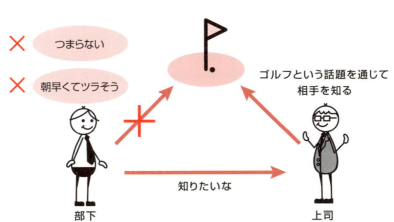
事柄ではなく人に焦点をあてる

4-5 自分を空っぽにする

人は他人の話を聴きながら、その内容を自分のかけている"色メガネ"を通して判断・解釈しています。本当に相手の伝えたいことや言葉の背景にある想いをキャッチするには、色メガネの存在を知り、それをはずして相手と関わる必要があります。

私たちはいつも考えている

コーチングの基本は"聴く"ことにあると述べましたが、人が他人の話を聞いているとき、頭の中は一体どうなっているのでしょうか。「あぁ、その話なら知ってるよ」「くだらない話だな」「考えが甘いね」「変な趣味！」「うわぁ、分かる分かる！」「うちの部長にそっくりだなぁ」そのようにさまざまなことを、人の話を聴きながら考えているのが私たちの日常なのです。

自分の頭の中でいろいろなことを考えながら相手の話を聴いていると、2つの影響があります。ひとつは、頭の中の考えが自分の表情や態度に影響を与え、相手を不快な気分にさせたり話しにくくさせたりしてしまうという影響です。2つ目は、相手の話していることを自分の色メガネで見てしまっているので、本当に相手が伝えたいと思っていることをストレートにキャッチすることができなくなるという影響です。

自分の価値観や経験を手放す

人が誰かに相談をするのは、自分とは違った視点や相手の経験則から見たアドバイスが欲しいからです。ですから相談を受けた場合にアドバイスを提供するのも、相手に対するひとつの貢献です。けれども相談者が自分に依存しないよう、自己責任で物事を解決してほしいと思っているのであれば、会話をアドバイスからコーチングに切り替えた方が良いでしょう。

そのコーチングモードへの切り替えが「自分を空っぽにする」ということなのです。つまり、相手の話を聴いている間"自分を完全に消す"ことで、ただ相手の想いをそのまま純粋にキャッチするマシンになるのです。その際自分の価値観や個人的事情や過去の経験を手放して、相手の話を聴くことがポイントになります。

4-5　自分を空っぽにする

　たとえば「会社をリストラされて困っている」と相談にきた人がいたとしましょう。その人の話を聴きながら「オレの時代はもっと大変だったよ。何を甘ったれてるんだ」とか「オレが社長でも雇いたくないタイプだもんな」などと考えていると、相手が本当に感じていることや伝えたいことを、キャッチすることができません。"自分"がその問題についてどうとらえているかではなく、"相手"がどう感じていてどうしたいのか、そこに焦点を当てて話を聴く必要があるのです。どんな会話になるのか、例を挙げてみましょう。

Aさん（相談者）：会社をリストラされて困っているんです。
Bさん：何だかあんまり困っている感じがしないんだけど。
Aさん：実は正直言ってせいせいしているんです。
Bさん：せいせいしてるんだ。
Aさん：数字ばっかり追いかけて、何のために生きているのか分からなくなっていたので。

　自分を空っぽにして相手に焦点をあてると、このような関わり方ができるようになり、相手の心の声を引き出すことができます。すると相手は自己洞察することができ、自力で一歩前に踏み出すためのアクションプランを考えることができるのです。

●●●　**自分を空っぽにすると…**　●●●

リストラの対象になってしまいました。

キャッチ

あんまりアセってなさそうだね。

淡々としているな。

そんなに落ち込んでなさそうだな。

4

コミュニケーションの基礎づくり

4-6 相手に意識のベクトルを向ける

相手の話をちゃんと聴くためには、相手に意識を向けることが大切です。意識を向けることで、相手を大切にしている印象を与え、さらに相手の変化にもいち早く気付くことができるのです。

意識はお出かけする

会議やセミナーに参加している時に「この後どこに飲みに行こうかな？」とか「そういえば明日は朝早いんだよなぁ」などという考えが浮かんできて、ハッと我にかえったら随分話を聞き逃していたという経験、あなたにもありませんか？

人の意識は常に自分の身体と共にいるとは限りません。たとえばパートナーと話をしている時に、今日出逢った素敵な異性のことを思い出していたとしましょう。するとおそらく相手はちゃんと向き合ってもらっていないと感じ「ちょっと、人の話ちゃんと聞いてる？」とチェックを入れることでしょう。面白いことに自分ではちゃんと聴いているつもりでも、相手から見ると、違うところに意識を向けているのがよくわかるものなのです。

相手にしっかり意識を向けて会話をしていると「かなり疲れているな」とか「イライラしているな」とか、いろいろな事に気づきます。相手の状態に気付くからこそ「仕事のし過ぎじゃない？」「たまには遊んだら？」というねぎらいの言葉をかけることもできるのです。

すると相手は、自分のことを気遣って声をかけてくれるあなたに信頼を寄せ、心を開いていろいろ話したくなります。

相手の顔を見る

コーチングセッションでは、クライアントがコーチに全幅の信頼を置いて、心から安心してどんなことでも話ができるような環境づくりが必要不可欠です。そこでまずは、コーチが雑念を手放して、クライアントに集中する必要があります。

ところが初めてコーチングに取り組む時、なかなか日頃の習慣が抜けないものです。考え事をしたり、次に何を話そうかと考えながら相手の話を聞いてしまう

4-6 相手に意識のベクトルを向ける

かも知れません。すると相手の話を聴いているつもりでも、意識はあちらこちらに分散してしまいます。

　ところがセッションの回数を重ねて相手に集中するという感覚をつかむことができたら、誰と向き合っていても同じように意識を集中することができるようになります。すると相手が心を開いてくれるまでの時間は格段に短くなるのです。

　だから「信頼関係を築きたい」、「心を開いて欲しい」と思う人がいるのであれば、まず自分から相手に意識を向けることが大切なのです。具体的には、＜相手の顔を見ながらあいさつをする＞、＜パソコンのディスプレイを見ながらではなく、ちゃんと相手の方を向いて会話をする＞というようなごく当たり前の日常的なことから始めてみてください。"目を向ける"ことで相手を観察する機会が増えます。すると相手の変化に気付いて、心に響く言葉をかけることができるというわけです。

相手に意識のベクトルを向ける

人は自分のことを気遣って声をかけてくれる人に信頼を寄せ、心を開いていろいろ話したくなるものです。

4-7 話しやすい環境づくりとは

私たちは自分と共通点のある人に対して親近感を抱きます。自分に対して親しみを感じて心を開いてもらうためには、相手のコミュニケーションスタイルに合わせることが効果的なのです。

"ノリが合う"とは？

よく"ノリが違う"とか"あの人のノリにはついていけない"と言う表現を使いますが、この"ノリ"とは一体何なのでしょうか。"ノリ"とはつまり、声の大きさや高さ、トーンという物理的な要素に加えて、山の手育ちなのか、下町育ちなのか、あるいは体育会系なのかアキバ系なのか、オープンな人なのか内気な人なのかといった文化的な違いや性格的な違いが加わった、コミュニケーション様式のことなのです。

学生時代までは、自分が交流していて気持ちのいい、ノリの合う人とだけ付き合っていても問題ありませんが、社会に出ると選り好みはできません。どんなにノリの合わない話しにくい人とも、仕事上付き合わなくてはならないことがあるものです。

それでは、そんな"ノリ"の合わない人とどうすれば上手くコミュニケーションがとれるのでしょうか。また、人に心を開いてもらうためのコツとはどういうものなのでしょうか。

相手に合わせる

そのコツとは、相手のコミュニケーション様式に合わせることなのです。相手が優雅にゆったりと話す人なら、同じようにゆったりとした口調で、それから表情や身のこなしも相手の優雅な雰囲気に合わせるのです。相手が体育会系の人であれば、相手に合わせて歯切れのいい大きな声で話し、礼儀正しくきびきびと振舞えばいいのです。

そうすることで、相手は"この人はノリの合う人だ"と感じてくれるようになり、仲間意識を持ってくれて、会話がスムーズになります。相手が話しやすいと感じ

ている時、その場は"相手がいつもの自分らしく振舞うことのできる環境"になっているのです。

　高級ホテルに入ると、うやうやしい応対を受けて、思わずかしこまってしまうことがあるでしょう。あるいはパソコンやインターネットの調子がおかしくなって、あわててサポートセンターに電話をしたら、妙にていねいにゆっくり話すオペレーターが出てきてイライラすることがあるかも知れません。なぜ相手の対応に反応して、かしこまったりイライラするかというと、自分の会話のペースが崩されるからなのです。

　コーチングを効果的なものにするには、クライアントに心を開いてもらう必要があります。そこでコーチングセッションを行う時は、クライアントが"いつもの自分らしく"振る舞えるようにコーチがクライアントのコミュニケーション様式に合わせるのです。この方法をセッションだけではなく日常の人間関係にも応用することで、コミュニケーションが格段にスムーズになります。

　距離を縮めたい、信頼関係を作りたいと思っている相手の"ノリ"に合わせて話をしてみてください。ちょっとした工夫ですが、相手が親しみを感じ、リラックスして話してもらうことができるようになります。

● ● ● 話しやすい環境づくりのポイント ● ● ●

ペーシング（相手と会話のペースを合わせる）	ミラーリング（相手の態度や動きに合わせる）
相手の呼吸	座り方・立ち方・歩き方
話すスピード・リズム	身振り手振り
話すテンション	顔の表情
声の大きさ・トーン・高さ	お茶を飲むなどの動作
使う言葉や方言	距離の取り方

4-8 インタビュー力が距離を縮める

相手の内面からいろいろな想いを引き出すテクニックを持っていると、スピーディに信頼関係を作ることができ、初対面の人ともスムーズにコミュニケーションを取ることができます。

コーチは名インタビュアー

　初対面の人に会う時に、あらかじめその人のことをよく下調べしておかないと、話が続かないのではないかと思って不安になるという話をよく聞きます。もちろん事前に会うことが分かっていれば下調べをした方が内容の濃い会話ができます。ところが相手のことを全く知らなくても、いいコミュニケーションは成り立つのです。たとえばパーティや異業種交流会などで初対面の人と交流する場合も、コーチングのベースになっている聴くテクニックを身につけていれば、ラクに楽しく話すことができるのです。

　私たちが「いい話ができた」と思うパターンには、大きくわけて2つあります。ひとつは相手と共通点があって意気投合し、話が盛り上がった、というパターンです。たとえば『昔ITベンチャーにいたんですよ。』『実は私もなんですよ！』「へぇ〜！場所はどちらだったんですか？」『渋谷です』「私も渋谷でしたよ！」という具合です。

　もうひとつのパターンは、相手が好奇心を持って質問をしてくれたおかげで、自分に対する洞察が深まったというものです。たとえば『昔モバイルコンテンツ業界にいたんですよ。』『業界に入られたきっかけは何だったのですか？』「元上司が誘ってくれて、最先端の仕事ですし、面白そうだなと思ったんです。」『入ってみられていかがでした？』「いろんな業界の方に出会えて刺激的でしたよ。」とこんな風に質問に応えていく中で、自分の内面との対話が深まるパターンです。この後者のパターンがコーチング的な会話なのです。相手の誇りに思っているものやこだわりに好奇心を向けてインタビューしていくと、相手は自分の内面と深く向き合うことができ、自分のリソースや強みを再確認することができます。人は、そんな風に自分に興味を持ち、力づけてくれる人に対して好意を抱くものです。

　質問には大きく分けて下記の図のように2種類あります。コーチングでは主に

「OPEN QUESTION」を用いてクライアントの視野や発想を拡げます。日常会話でも、このOPEN QUESTIONを用いることで、より短時間の間に相手の中からさまざまな想いを引き出し、人柄やバックボーンを知ることができます。

ビジネスの質を高める

　コーチングを学んでいる人の中には、プロのコーチを目指す人だけではなく、税理士、中小企業診断士、社労士などの士業の人、カウンセラー、セラピスト、教育関係者など対人援助職の人たちが大勢います。

　また、コーチングスキルは、セールスパーソンやコンサルタントの人にも素晴らしい付加価値をもたらします。なぜならコーチング的コミュニケーションでクライアントのニーズを引き出すことができ、顧客に合わせた支援が可能になるため、顧客満足度を高めることができるからです。

　たとえば同じ税理士であれば、コーチングスキルを持った税理士を選べば、経理的な側面からだけでなく、もっと深いところから経営者の望みや理想の会社像を引き出してもらうことができるため、本質的な部分から経営を良くしていくことができるでしょう。同業者との差別化、クライアントとの結びつきを強めたい人にとって、コーチングは強力な武器になるのです。

● ● ● インタビュー力アップのための質問術 ● ● ●

種類	OPEN QUESTION	CLOSED QUESTION
内容	答えの選択肢が無限にある質問。	Yes ／ No ／どちらでもない のいずれかで答えられる質問。
用途	相手のことを深く知る。発想を拡げ、内面との対話を促す。	初対面の相手の緊張を解く。相手の素性を知る。スピーディに行動を促す、確認する。
例	今の仕事のどんな所が面白いですか？	今の仕事は面白いですか？
	どんな分野にお強いですか？	IT にはお強いですか？
	今日いらした目的はなんですか？	この会場はすぐに分かりましたか？

4-9 言いにくいことを言いやすく

相手を叱る時もホメる時も、相手が受け止めやすい伝え方"I（アイ）メッセージ"を
用いることで、意思の疎通がスムーズになります。このテクニックが機能するメカニ
ズムと使用例を紹介します。

受け止めやすい伝え方

初めて部下や後輩を持った時、子供の自我が芽生えてきた時など、どう叱れば
いいのかと悩む人が多いようです。たとえばまだビジネスマナーが身についてい
ない新入社員に「何だキミ、その態度は。失礼だぞ！！」と怒りたい時もあるでしょ
う。そんな時どう表現すると、相手が受け止めやすくなるのでしょうか。そんな
時は「今のキミの態度、不愉快に感じたんだけど、どう思ってる？」という風に"I（ア
イ）メッセージ"で伝えてみましょう。これは相手に対する決め付けの表現ではな
く、あくまでも「私は○○と感じた」という感想の形をとっているので、相手が受
け止めやすくなるのです。

ちなみに前述の「失礼だぞ！」と言う断定的な表現は"YOUメッセージ"（あなたは
○○だ）といいます。特に繊細な相手、プライドの高いタイプには抵抗の少ない"I
メッセージ"を使うことで、同じ内容でも受け止めてもらいやすくなるのです。

実は、人をほめる場合でも受け入れてもらいにくいことがあります。たとえば
以前あるセミナーに参加した時に、参加者の間で「それは素晴らしい！」とお互い
の成果をほめ合う習慣がありました。けれども「上から目線な感じがする」「仕事内
容をよく知らないでホメられても心に響かない」「ポイントがズレているとうれしく
ない」という風に評価はマチマチ。ほめ言葉ではあるものの断定的な表現なので、
上から目線で評価されている感じがしたり、本人が「こんな成果は、自分にとって
たいしたことではない」と思っている場合は心に響かなかったりするのです。

そこで相手を叱る時だけでなく、ほめる時も「今のお話、とても勉強になりまし
た」と"Iメッセージ"で伝えると受け止めてもらいやすくなります。しかし、忘れて
はならないのは、伝え方以前にちゃんと心をこめる、ということです。

コーチングスキルのひとつ

この"Iメッセージ"は、コーチングで用いられる手法のひとつです。たとえばクライアントが、「新しい仕事をやることになったので、すごく楽しみなんですよ」と言ったとします。ところがコーチから見てクライアントに不安があるように感じた場合、どう伝えると良いのでしょうか。そんな時は「今のお話を聞いていて、ちょっと不安があるように感じたのですが」と"Iメッセージ"を使いましょう。もし「楽しみだって言いながら、実は不安なのですね」と決め付けたら、クライアントはその指摘が当たっていても多少抵抗を感じるでしょうし、まったくの勘違いであれば不愉快になりかねません。するとコーチに対する不信感にもつながります。

相手を叱る時もほめる時も、この"I（アイ）メッセージ"をぜひ活用してみてください。"あくまでも自分の感想です"というスタンスで相手に伝えることができ、相手が受け止めやすいメッセージとなって、スムーズな意思疎通が可能になります。

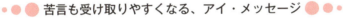
苦言も受け取りやすくなる、アイ・メッセージ

私は不愉快に感じたんだが、キミはどう思ってる？

うーん書類の渡し方が乱暴だった気がします。申し訳ございませんでした。

相手に対する決めつけではなく、あくまでも自分の意見や感想として伝えるので、受け容れてもらいやすくなります。

4-10 型から入って人の素晴らしさを知る

コーチングの3原則を身につけると、まわりの人に対する自分の意識や態度がオープンになります。すると自ずとまわりの人たちとのコミュニケーションが深く豊かになり、人々の新たな魅力を発見することができるようになります。

基本スタンスを身につける

第1章の「コーチングとは？」というページで、コーチングの3原則について述べましたが、はじめてコーチングに触れる人にとっては、どういうことなのかあまりリアリティが感じられなかったかも知れません。いくら自転車のマニュアルを熟読しても自転車に乗ったことがなければバランスがとれている時の感覚がどんなものなのかピンとこないのと同じで、とにかくコーチングを日々実践し続け実体験を積むことが大切なのです。あらためてこの3原則を振り返ってみましょう。

①人は誰もが自分で答えを見つけだす力を持っている。
②人は誰もがパーフェクトな存在である。
③人は誰もが限りない可能性を持っている。

これらを意識することで、一番大きく変化するのは何でしょうか。実は人に接する時の自分の態度なのです。もし相手のことを、否定的にとらえていたり、批判的に見ていたり、値踏みしていたり、勝ち負けを意識していたりすれば、それは口調や表情、見ぶり手ぶりに如実に表れてきます。眼差しが冷ややかになったり、鼻で笑ったり、アゴが上がっていたり、といった具合です。ところが心から相手の力や可能性を信じて愛情や敬意を持ったなら、相手と向き合った時、自然に笑顔になって目が輝き、まっすぐ相手を見つめるようになります。それだけ人の意識は態度として表面化しやすいのです。

態度の変化が関係性を変える

あなたの態度がそんな風に変わると、相手との関係はどう変わるのでしょうか。まず、相手はストレスを感じなくなり、話すことが楽しくなるでしょう。つまり自分の方から見ると、相手が心を開いてくれて、距離が縮まったように感じるわけです。

そしてオープンに話すようになった相手は、確実にこれまでと違う一面を見せてくれるようになります。あなたの態度が変化することで、これまで知らなかった相手の魅力が見えてくるわけです。するとますますあなたの好奇心が相手に向けられて、2人の関係は良くなっていく、というプラスの循環が働きます。

新入社員の時にビジネスマナーを叩き込まれて「お辞儀の角度とか敬語の使い分けとか、いちいち細かいな。大切なのはハートじゃないか」と思った人もいるでしょう。ところがきちんとマナーを身につけて行動するうちに、心から人に礼節を持って接することができるようになり、マナーというものの本質を実感してきたという人も少なくないはず。

コーチングの3原則もビジネスマナーと同じ。まずは「型」を身につけ、日々練習を重ねていくうちに、人の限りない可能性や魅力を引き出すには何が大切かということが分かってくるのです。

●●● コーチングの3原則の効果 ●●●

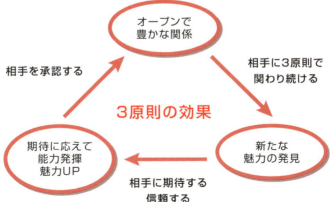

Column 3　夢が実現しない本当の理由

　着々と夢を実現できる人がいる一方で、なかなか実現できない人や夢がコロコロ変わる人もいます。いったいその違いはどこにあるのでしょうか。

　なかなか夢を実現できない理由には、3つあります。まずひとつ目は、ホンモノの夢ではなくてニセモノを追いかけている場合。

　たとえばあるショップを立ち上げたいという夢を持っていたとしましょう。心の底からやりたくて仕方がない。そのことを考えるだけでワクワクする、という状態なら、それはホンモノの夢。壁にぶつかっても挑んでいくパワーがあるので、資金繰りもうまくいき、場所も決まり、スタッフが集まり応援者も増えて、ショップの立ち上げは実現するでしょう。たとえ困難があっても乗り越えて、しっかり運営していくに違いありません。

　ではニセモノの夢とはいったい何でしょうか。それはショップそのものに対して興味があるのではなく、そのショップを立ち上げることで、人から認められたい、自己重要感を満たしたいという場合です。その場合、他にもっと実現の可能性が高くてラクに取り組めそうなビジネスが見つかると、ひょいと乗り換えてしまう可能性があります。

　もし仮にショップが立ち上げられたとしても、得たかった承認が十分に得られなかったり、運営のストレスの方が上回る場合は、挫折する可能性が高くなります。

　そのような場合は、まず自分のことをありのままに認めるというところからはじめてみましょう。そうすれば本当に自分の心が望むライフワークが見つかるはずです。

　ふたつ目は、新しいことを考えるのは好きだけれど、地道な努力が嫌いだ、というケース。もちろん人には向き不向きがあります。コツコツと指示されたことに取り組むのが好きな人もいれば、斬新なアイデアを出すことが得意な人もいます。夢を実現するためには、自分の適性や傾向を知って、足りないものを補ってくれるメンバーと組むようにしましょう。

　三つ目は、夢を実現することに何らかのマイナス面を感じているケースです。たとえば潜在意識レベルで「パートナーから反対される」、「忙しくなりすぎる」と感じていたら、行動にブレーキがかかってしまいます。意外に自分でも気づいていないことも多いので、じっくり心の声に耳を傾けることが大切です。

Column 4　幼い頃の自分を癒す

　私たちは成長するにつれて、社会への適応能力を身につけていきます。だから自分が不快な思いをするようなことがあれば、抗議するなどして、不快感を解消できるようになります。

　ところが私たちがまだ幼い無力な頃はどうだったでしょうか。自分がイヤな思いをしたりツライ体験をしても、それに抵抗したり反撃できないこともあったでしょう。また、他者からの評価と自分の価値を切り分けて考えることができず、セルフイメージの中に他者の評価を無意識に取り込んでしまうことがあったかもしれません。

　幼い頃のそんな体験によって、私たちの潜在意識の中には、さまざまなネガティブな信念が刷り込まれています。

　たとえば両親の仲が悪く、いつも母親が父親に対して「何言ってんのか全然わかんない。あなたってホント口ベタね」とこき下ろすのを聞いて育った子どもがいるとしましょう。「私があまり話が得意じゃないのは、口ベタなお父さんの子どもだからだ」と思いこんだとしてもおかしくはありません。

　そんな信念を抱いた子はどんな風に成長するでしょうか？おそらくちょっとした雑談でも、人前で話す時も、「うまく話せるかな」「分かってもらえるかな」という無意識のささやきが、のびのびとした自己表現をさまたげてしまうのではないでしょうか。

　すると、いくら会話のノウハウを学んだところで、それらを十二分に活かすことは難しくなります。

　もしあなたも幼い頃の体験によって、このようなネガティブな思いこみを抱えているとしたら、ぜひ取り組んでみてほしいことがあります。

　幼い頃の自分をひざの上に抱っこしているのをイメージします。そして「お母さんがお父さんの悪口言ってるの聞いて、イヤだったね。お父さんの子どもだから自分も口ベタなんだって思いこんだんだね。つらかったね。でもね。話がうまいとか下手っていうのは、遺伝することじゃないんだよ。練習すればあなたが望むように話せるようになるからね。大丈夫」という風に言葉をかけるのです。

　深い悩みを根本解決するためには、カウンセリングを受けるのが一番効果的です。けれどもこのように幼い頃の自分を癒すことで、少なからず悩みは軽減することでしょう。

第5章 上司・部下間のコミュニケーション

コーチングのことを"誘導尋問"や"コントロールのツール"であると誤解している人がまだまだ多いようです。この章では、部下の自発性を高め、能力を引き出し、成果を上げるためには、どんな風にコーチングを活用すればいいのかを解説します。

上司が取り組むこと

❶引き出す力をつける

素朴な疑問を大切に、好奇心を持って部下に問いかけましょう。

❷自分を見つめる

ニュートラルな気持ちで部下と向き合うために、過剰な先入観や思い込みはジャマになります。自己分析して心のメンテナンスを行いましょう。

部下に提供するもの

❶理想と現状を語らせる

会社と自分がどこに向かっているのか、そして今はどこにいるのかを知ることが行動のモチベーションになります。

❷リソースに気づかせる

ほめるのも叱るのも、部下ひとり一人が持っている、キラリと光る資質を知ってもらうため。

❸自分ごとにさせる

目の前の仕事と自分の将来がつながっていることを、部下に実感させましょう。

自分を高める ＋ 理想と現状を語らせる ＋ リソースに気づかせる ＋ 自分ごとにさせる ＝ 部下の自発性UP!

5-1 レッテル効果を活用する

部下に対してホメることも大切ですが、何より接する時のマインドが重要です。部下がどれだけ能力を発揮できるか、高いモチベーションを保つことができるか、それは上司の部下に対する日頃の接し方次第で変わります。

立派な人として扱う

時代劇を見ていると、将軍の嫡男として生まれた若君は、周囲から丁重に扱われて、幼い時分から次期将軍らしく考え行動するようになります。"環境が人をつくる"といいますが、その分かりやすい例といえるでしょう。

これを応用して、部下を立派に育てるためにはどうすれば良いのでしょうか。答えは簡単。部下を立派な人として扱えば良いのです。「キミにはたぶん分からないだろうけど」「キミにはちょっと難しいと思うけど」という上から目線で接するのではなく、当然理解できるものとして対等に話すのです。すると万が一その部下が「難しい話だなぁ」と思ったとしても、対等に扱ってもらえたことで自己イメージが上がり、相手の期待に応えるべく勉強し、何とかしようと努力するでしょう。

この「同じ目線で話す」というのは、まさにコーチング的なコミュニケーション。コーチングセッションにおいてコーチとクライアントの関係に上下はなく、あくまでも対等の関係です。上司部下には立場的な上下はありますが、それはあくまでも役割上のものであって、人間としての上下ではありません。そして器の大きい人ほど相手の存在や人格を尊重することができるものです。

レッテル効果

人のセルフイメージは、生まれ育つ過程で他人から投げかけられた言葉や、周囲の人たちからどのように扱われるかによって作り上げられていきます。たとえば子どもが「お前は思いやりがあるなぁ」「あなたは何をやらせてもできるわね！」などと親から言われて育つと、どんな影響があるでしょうか？きっと思いやりのある子でいようとし、ためらいなくチャレンジする子に育つでしょう。これを＜レッテル効果＞と呼びます。

そこで部下のセルフイメージを上げるために、ぜひこのレッテル効果を使って欲しいのです。「勉強熱心なキミは、知っていると思うけれど…」「ソーシャルメディアに詳しいキミにぜひお願いしたいことがあるんだけど」という風に、会話の中で、部下にプラスのレッテル貼るという方法です。そうすることで部下のセルフイメージを上げることができ、業務に対して意欲的に取り組んでもらうことができます。

●●● **上から目線と対等な関係** ●●●

上から目線

「キミにはまだまだ難しいと思うが…」

「アイデアはあるけれど、笑われるかも知れないし黙っておこう…」

上司　　部下

対等な目線

「実は、キミを見込んで知恵を借りたいんだ。」

「頼りにしてくれてうれしいな。あのアイデアを話してみよう。」

上司　　部下

5-2 イメージを具体化する

部下のパフォーマンスを上げるには、目標やビジョンを持つ上で、明確なイメージを想い描いてもらう必要があります。イメージは具体的であればあるほど効果的が上がります。

理想のイメージを描く

「もっと効率よく仕事をすれば、メリハリのある充実した毎日を過ごせるはず…」もし10人がこの文章を読んだら、10人がそれぞれに違うイメージを想い描くことでしょう。なぜなら文章中の"効率よく""メリハリ""充実した毎日"という言葉が、非常に抽象度の高いものだからです。抽象度の高い言葉でビジョンを語っていると、そのビジョンに向かって行動するための意欲が湧きづらくなります。なぜなら理想の状態が具体的でないので、まず何をすればいいのかが分からず、最初の一歩が踏み出しにくいからです。

たとえばある管理職の男性が、大きな病気をきっかけにお酒を飲まなくなったとしましょう。それまでは接待や部下とのコミュニケーションのために、毎晩飲みに行っていた彼が、お酒をやめてからは夜のプライベートな時間を、セミナーに参加したり本を読んだりという勉強のために使っているとします。するとお酒を飲まなくなる前と後では、ライフスタイルががらりと変わり、毎日の時間とお金の使い方が大きく変化していることでしょう。

「飲み代に使い過ぎだよな」「健康に悪いよな」「もっと生産的なことに時間を使わないと」そう考えている人は、きっと大勢いると思います。前述の管理職男性は病気をきっかけにお酒をやめることができたのですが、もっと早く明確な理想のイメージをつくって行動していれば、大きな病気になる前に、健康的で生産的な毎日を手に入れることができたはずです。

イメージは具体的に

クライアントの理想のイメージを具体化していくスキルを、コーチング用語で「**チャンクダウン**」といいます。チャンクとは「塊」のことで、「チャンクダウン」でそ

5-2 イメージを具体化する

の塊を細かくしていくという意味合いになります。大きな目標やテーマを細分化するために、あいまいな言葉を具体化し、誰が聞いても同じように理解できる状態に落とし込むためのスキルです。

冒頭で述べたように「もっと効率よく仕事をすれば、メリハリのある充実した毎日を過ごせるはず…」と部下が考えているのであれば、あいまいな言葉をひとつずつ具体的な言葉に置き換えてもらうと良いのです。①「効率よく仕事をする⇒邪魔を排除し、ひとつひとつの作業に集中することで短時間で仕事を終わらせる」②「メリハリある充実した毎日⇒半年後までに1.5倍の売り上げ達成。夜はプライベートな時間を3時間は確保して、趣味や勉強のために使う」といった具合です。そのように目指す未来像が具体的になると、やるべきことが明確になり、最初の第一歩を踏み出すことができるのです。

そしてやるべきことが明確になると、脳にその情報がインプットされ、必要としているものを引き寄せるアンテナの感度が高まるというメリットもあります。

●●● イメージを具体化する ●●●

①営業成績を2倍に上げる
②仕事の優先順位を確認する
③定時で仕事を終える
④週2回ジムに通う
⑤セミナーに参加する

まさに今求めている本を見つけた!

具体的なビジョンを持つと、情報を引き寄せる感度が高まります。

5.3 自発性を引き出す

部下が受け身ではなく、積極的に仕事に取り組むようになるためには、上司がただ指示命令を行うばかりではいけません。部下に興味を持って、考え方やこだわりを知ろうとすることが大切です。

若手社員の傾向

新入社員を対象として1971年からスタートした（財）日本生産性本部の実施する「働くことの意識」調査（2012年・右ページの図参照）によると、2000年以降、「楽しい生活をしたい」と望む人の割合が大きく上昇。2012年には40%を超えました。一方「経済的に豊かな生活を送りたい」と望む人の割合は約23%（2012年）となっており、30%に迫ったバブル時代、ITバブル時代と比較すると、成功すること、お金持ちになることに対する意欲はかなり低下しています。

また「自分の能力をためす生き方をしたい」と望む人は、1970年代に35%前後を推移していたものの、2012年には約15%まで低下。長年5%周辺を推移していた「社会のために役立ちたい」という新入社員の割合は2000年以降上昇傾向に転じ、2012年には15%に。

これらのデータによって、がむしゃらにチャレンジして経済的成功を目指すという働き方ではなく、楽しさや社会への貢献に価値を置く若者の傾向が見えてきます。

その人を知る

上記のような傾向があるとはいえ、あくまでもその年代の全体的な傾向に過ぎません。人によっては自分の可能性にとことんチャレンジしたい人もいるでしょうし、経済的な成功を一番の目標とする人もいるでしょう。

人が受け身になってしまう一番の原因は、仕事が"自分事"になっていないからです。やりたくないけれど、お給料をもらっているから仕方なくやる…そのような取り組み方では意欲も成果も出るわけがありません。そこで上司は部下に対して一人の人間として興味を持ち、どんな気持ちで仕事に取り組んでいるのか、仕

事を通じて何を得たいと望んでいるのか、どんな人生を送りたいのか…さりげない日常会話の中から、その人の想いをしっかり汲み取る必要があります。

　たとえば、その部下が学生時代に何を学んでいたのか。どうしてその学部を選んだのか。もし学んできたことと会社の業務内容がかけ離れているのであれば、どうしてうちの会社を選んだのかなど、相手の様子をじっくり観察しながら話を聴いてみてください。相手の目が輝いたり、話しぶりに熱がこもってきたら、そこがポイント。しっかり共感しながら話を聴きましょう。

　同じ仕事をまかせる場合でも、相手の価値観によって心に響く言葉が違います。人が喜んでくれることが何よりのモチベーションになる人であれば「キミがこの仕事を担当してくれると、みんな喜ぶだろうなぁ」という言葉が、自分の能力を試したい人、とことんチャレンジしたい人であれば「キミにしかできないことだから、ぜひお願いしたい」という言葉が、相手の自発性を引き出すことでしょう。

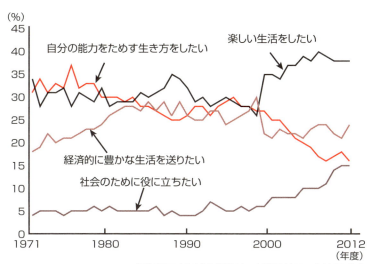

相手の価値観やこだわりを知ろう

資料：(財)日本生産性本部「働く事の意識」調査(2012年)を元に作成

5-4 問題ではなく、解決に焦点をあてる

問題を把握しておくことは大切ですが、問題ばかりに意識を集中させると、発展的なものの見方ができなくなります。問題を見つけることではなく、さらに成果を上げ発展させることがコーチングの役割。解決に焦点をあてることで生じるメリットを紹介します。

モチベーションを下げる犯人探し

たとえば車を運転していて眠気に襲われたとしましょう。「昨日夜ふかしし過ぎたかな？」とか「ランチのボリュームが多かったかな？」などと眠くなった原因を考えて後悔しているヒマがあったら、まずどこかに車を止めて仮眠をとったり、ガムをかんだり、コーヒーを飲んで眠気を覚ます必要があるでしょう。

何か問題が起きた時、再発防止のためにトラブルの原因を究明しておくことは大切なことです。けれども本来それは"解決"や"改善"のための作業ですから、原因を特定することにとらわれ過ぎると、組織内にマイナスの影響をもたらしかねません。

職場で、犯人捜しが繰り広げられるとどうなるでしょうか？ 再発防止対策を考えることが大切なのに、そこにいるメンバーが、今後自分が犯人にならないよう過敏になり、チャレンジよりもリスク回避ばかりに目が向いてしまいます。すると発展的な仕事への取り組みにブレーキがかかるのです。

未来に目を向ける

一般的に、コーチングは目標達成やさらなる成長を目的とした人、カウンセリングは問題をなくすことを目的とした人が利用します。

ところが元々コーチングは、カウンセリングやセラピーのエッセンスを抽出して応用したものなのです。古くからあるカウンセリングは、傾聴をベースにしていて、ひたすらクライアントの話を聴くことで自発的な気付きを促すものが中心でした。ところが新しく台頭してきた解決志向のカウンセリングは、聴くだけではなくクライアントに対して質問を投げかけるなどで、積極的な働きかけを行い、早期解決を促そうというものなのです。

Solution Focused Approachと呼ばれる解決志向のカウンセリングメソッドでは、問題を抱えてカウンセリングを受けにきたクライアントに対して、"すでにうまくいっていること"を質問したり、"どうなったら解決したといえるのか"という未来像を質問するという斬新なもので、コーチングの考え方のベースとなっています。

問題を引き起こした過去の出来事を変えることはできませんが、これから先、未来に起こることはコントロール可能です。犯人さがしではなく解決に向けて何ができるかを考えるコーチング的アプローチを導入すると、職場の会話が未来志向になり、保身ではなくチャレンジに意識を向けることができるようになるでしょう。

● ● ● 問題ではなく、解決に焦点をあてる ● ● ●

プレゼンテーションで失敗した

問題に焦点をあてた場合	解決に焦点をあてた場合
「なぜ失敗したのか?」	「どうすれば成功するか?」
↓	↓
プレゼンターであるA君があがったから	A君があがらずに話せるといい
「なぜあがったのか?」	「そのためにはどうすればいい?」
↓	↓
プレッシャーに弱いから	とことん準備をすればいい
「なぜプレッシャーに弱いのか」	「どんな準備をすればいいか」
↓	↓
子どものころ、発表会でセリフを間違えて笑われた	社内リハーサルを最低3回は行う
過去は変えられない!	未来は変えられる!

5.5 コミットする効果

クライアントが自ら行動課題を設定するというコーチングの手法を取り入れることで、部下の自己責任意識が芽生え、自発性を高めることができます。内容も期限もまずは部下自身に考えてもらうことがポイントです。

自ら課題を決める

コーチングではセッションの最後に「今週中に企画書を仕上げます」「あさってまでに関係者からニーズを聞き出します」「3日後にアクションプランをつくってコーチに報告します」という風に、クライアント自身が行動課題を決めます。自分ひとりで"よし、今日中にこの仕事をやり終えるぞ"と心に決めても、思い通りに計画が進まないと"まあ、いいか。明日でも間に合うし。"と自分に甘くなってしまいがち。そこでコーチの前で自分の課題と期限をコミットすることで、自分に甘えを許さない構造ができあがるのです。

同じ仕事でも、上司からの指示命令で行う場合と、自発的に取り組んだ場合とでは、モチベーションに大きな違いが出ます。コーチングのメリットは自ら行動計画を立て、それにコミットすることで、責任意識が芽生える点です。

小学生の頃を思い出してみてください。"さて、そろそろ宿題でもやろうかな。"と思っていた矢先に「いつまでも遊んでばっかりいないで、宿題やんなさい！」とお母さんに言われて、モチベーションがガクッと下がった経験があるのではないでしょうか。自発的な行動計画が他人からの指示命令に変わった途端、やる気が失せてしまったわけです。

自発性を高めるアプローチ

自発性を尊重してくれて、自分のコミットを受け止めてくれ、そして報告を楽しみに待っていてくれる存在、それがコーチなのです。そんなコーチングのメリットを業務に活かすには、部下自身に行動計画を考えてもらい、期限を決めて報告してもらうことが必要です。

もちろん部下が行動計画を考える場合、上司としてその内容や期限が妥当かど

うかを確認し、問題がある場合は部下と話し合う必要があります。しかし部下の考えを聞いて一旦OKを出したなら、後は部下の実力と可能性を信じて、進捗を温かく見守るという姿勢が不可欠です。

　そして時折「例の件、進み具合はどう？」と声をかけるのです。コミットした時点でモチベーションが高くても、仕事に取り組む中で壁にぶつかるなどして、モチベーションが下がることもあるでしょう。そんな時は「あれだけヤル気になっていたじゃないか」「必ずやり遂げろ」などと叱責するのではなく、「この課題に取り組む目的は何だっけ？」「この仕事が終わった時にどんな風になっているといいと思う？」と、視座を高める質問を投げかけ、仕事の意義に目を向けてもらうと良いのです。

コミットする効果

指示命令の場合

コーチングを用いた場合

5.6 現状を数値化する

部下のモチベーションを上げ、最初の一歩を踏み出してもらうためには、本人が納得できる目標設定が必要不可欠。現状を把握して理想のビジョンをつくるためには、数値化のスキルが役立ちます。

目標を具体化する

「仕事でもっと自分の能力を発揮したい」「もっとお金を稼ぎたい」など、私たちは、いつも何らかの望みを心の中に抱いています。けれどもそのような漠然とした望みでは、最初の一歩を踏み出しにくいもの。そこで部下が目標設定を行う際、理想の状態を具体化するために、数値化すると良いのです。

コーチングの源流である"Solution Focused Approach"（解決志向のカウンセリング）のスキルのひとつである"スケーリング・クエスチョン"を用いることで、その人がより納得できる目標設定ができるようになります。

あるものと足りないもの

"スケーリング・クエスチョン"には、全部で4つのステップがあります。まずひとつ目は現状を把握するステップです。部下に「理想の状態を100点として、現状は何点ですか」と尋ねます。すると「うーん……現状は10点ですね」という答えが返ってきたとしましょう。

たいていの人は「なんて低い点数なんだろう」と思うことでしょう。しかしここでポイントになるのは、たとえ低い点数だったとしても、すでに部下自身が満足している要素、すでにできていることが何なのかを聴くこと。

そこで次に、「その"10点"の内訳にはどんな要素があるのですか？」と尋ね、現状満足していることについて具体化します。すると「いい職場に恵まれて、あまり人間関係のストレスもなく仕事に取り組めていることでしょうか」というような答えが返ってきます。

たとえ10点でもその内訳を語ってもらうことによって、"足りないもの"ではなく"あるもの"に目を向けることができるのです。

そして3つめは、理想の状態を明確化するステップ。「それでは100点満点の状態とはどういう状態ですか？」と尋ねます。部下が営業職であれば「これまであまり積極的に人との出会いを作ってこなかったんですが、プライベートな時間を使って異業種交流会やセミナーにどんどん参加して、人脈が増えている状態ですね。それが売り上げに結びついて、公私ともに充実した生活を送っていて…年収は5年後に1000万円になっているのが理想です」という答えが返ってくるかも知れません。

そうやって100点満点の状態をイメージしてもらったら、いよいよ4つ目のステップ。「その状態に一歩近づくためにできることがあるとしたら何ですか？」と尋ねましょう。小さな一歩でいいから、必ず実行できる内容を考えてもらうのです。たとえば「月に最低2回はセミナーや交流会に参加する」という行動計画ができれば、目標達成のための新たな習慣が生まれるわけです。

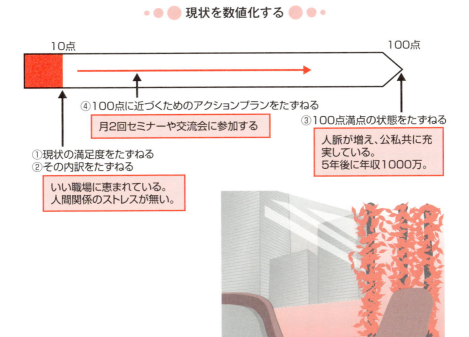

5.7 会話の内容を明確化する

コーチングではひとつひとつの言葉の定義を明確にすることで、クライアントと共にビジョンを作り上げていきます。このスキルを習得するとあいまいな言葉を明確化する習慣が身に付くので、コミュニケーションのすれ違いを無くすことができます。

あいまいな言葉を明確に

　日常会話の中にはあいまいな言葉がたくさんあります。日頃人の話を聞いて分かったつもりになっていますが、その解釈は、話した人が伝えたかったこととかなり違っている可能性があるのです。

　たとえば友達の男性Aさんが「昨日ボクが仕事でちょっとヘマをしたら、上司にネチネチ怒られたんだよね。それがあまりにもしつこくて頭にきたから、ついキレてしまったんだよ」と言ったとします。あなたはそれを聞いて、どんな風に解釈しますか？

　実はこの文章、ほとんどの構成要素があいまいなのです。①「仕事でヘマをして」……これは"つくる資料の部数を間違えた"程度のヘマなのか、"社運のかかったプレゼンで相手先の社長を怒らせてしまった"くらい重大な過失なのかが不明です。②「上司」……年上なのか年下なのか、男性なのか女性なのか、普段の関係はいいのか悪いのか、普段からよく怒るのか、珍しく怒ったのか、パーソナリティや本人との関係性を示す情報がありません。③「ネチネチ怒った」……具体的に何をどのように言われたのか。何分くらい怒られたのか不明です。④「キレた」……面と向かって「しつこいんだよ！」と怒鳴ったのか、それとも備品を投げつけるなどして暴れたのか、ドアを「バン！」と激しく閉めて部屋から出て行ったのか、具体的なアクションが不明です。

　ところが私たちは日常会話の中で、そのような相手のあいまいな言葉から勝手に"自分の辞書"を通して解釈しています。そして相手の話を聴いてさまざまな反応をします。「へぇ～キレたんだ。でもさぁ、部下が失敗したら怒るのが上司の役割なんだからさ」とさとしたり、「イヤミじゃなくて、シンプルに叱ってほしいよね」と共感したり、「キレるなんて大人の対応じゃないよ」といさめたり、といった具

合です。

　しかし相手の言葉を自分のフィルターを通して解釈しているので、必ずしも相手が納得できるコメントになるとは限りません。

共通の土台に立つ

　あらゆるコミュニケーション・ギャップは、たいていこの「解釈の違い」から生まれます。だからビジネスの現場における「報連相」では、物事を具体化・明確化することがとても大切です。コーチングではクライアントが普段漠然と考えていることを明確化することで、目標を具体的にし、理想の状態に向かって踏み出すアクションを考えてもらうのです。

　この方法を用いることで、トラブルも速やかに解決することができます。たとえば「今回のトラブルの件で先方がかなりご立腹で」と部下から報告されたら「ご立腹ってどういう状態なの？」と質問をして具体的な状況をヒアリングします。先方の売り上げにダメージを与え「契約解除だ！」と怒られたのか、ミスが多いから担当者を変えてほしいと言われたのか…そのようにあいまいな言葉を逐一明らかにしていくことが、適切な問題解決につながるのです。

●●● 会話の内容を明確化する ●●●

日常会話の中にはあいまいな言葉がたくさんあります。それらのあいまいな言葉を勝手に"こうなんだろう"と解釈するのではなく、相手に具体的な意味を確認することが大切。

5-8 習慣的行動の根っこを見つける

私たちの習慣的行動には必ず原因があります。部下が繰り返し起こしてしまう問題があれば、上司の視点や価値観で一方的に叱咤激励するのではなく、部下の納得できる解決策を一緒に見つけ出すことが大切です。

まずは習慣的行動に気付くこと

私たちはこれまでの人生で体験した喜ばしいことを繰り返し体験し、自分の身に降りかかる危険を回避するために、無意識のうちにさまざまな習慣を身につけています。たとえば「男性の部下にはズバズバ意見できるのに、女性の部下には言いたいことの半分も言えない」「チャンスを与えられても尻ごみしてしまう」といった習慣は、たいてい過去のネガティブな経験から身につけた反応的な行動です。

これらの習慣的な問題を意識化して解決していくのと、そのまま放置するのとでは、ビジネスでの成功も人生の豊かさも半減してしまいます。しかし上司が一般常識や自分の価値観を押し付けて「君はなぜ、女性の部下に甘いんだ？」と責めてしまったり、「チャンスから逃げずに飛び込め！」とお尻をたたくような会話をしても、残念ながらあまり効果がありません。そこで部下に対してコーチング的アプローチを行うと、ちゃんと本人が課題と向き合い、納得できる解決策が生まれるのです。一方的な叱咤激励でも全く効果が無いとは言えませんが、問題を抱えている本人が心から納得した上で取り組むのとそうでないのとでは、成果や変化に大きな違いが出ます。

共に解決を見つける

たとえば「女性の部下に言いたいことが言えない」という例をコーチング的に扱うと、次のようになります。

上司：君は男性の部下には厳しいが、女性の部下には甘いように思うんだよね。
部下：女性とのコミュニケーションはどうも苦手なんです。

上司：苦手というのは具体的にはどういうことかな？

部下：前職で、すぐ感情的になって泣く女性の部下を持ったことがありまして、ずいぶん苦労させられたんです。

上司：今の職場ではどうかな？

部下：今の部下は心の安定している者が多いのでそんなことはないかも知れませんが、トラウマになっているんですね、きっと。

上司：以前の経験と切り離して、今の女性の部下と理想的な関係をつくるにはどうすればいいと思う？

部下：そうですね。私が女性に甘いと男性の部下からも不満の声が上がりますから、改善しなくてはなりませんね。『君なら分かってくれると思うから話すんだけど、冷静に聞いてくれるかな？』と前置きをするといいかも知れません。

　このように、上司が部下を一方的に責めたり叱ったりただ励ましたりするのではなく、しっかり部下と向き合って解決策を一緒に考えていくことが、真の問題解決につながります。特に習慣的になっている行動を扱う時は、自発的な気付きをもたらすコーチングを用いたアプローチが望ましい変容につながります。

● ● ● 習慣的行動の根っこを見つける ● ● ●

今の会社で女性の部下に遠慮している

今の上司に見えている部分

それでキツイことは女性の部下に言えなくなった

みんなに白い目で見られて、肩身の狭い思いをした

今の習慣を作った原因

前の会社に、叱るとよく泣く女性の部下がいた

5-9 部下の心を開くほめ方
——心に響くほめ方とは

部下に限らず、あらゆる人とスムーズなコミュニケーションをとるために必要なのは"ほめる技術"です。日頃から自然な形で相手をほめるにはどうしたら良いのか、考えてみましょう。

基本は感謝

米国の心理学者、アブラハム・マズローの**欲求段階説**(P.175参照)によると、私たち人間の欲求は、5段階のピラミッド構造になっているとされています。自らの「生理的欲求」や「安全の欲求」といった低次の欲求が満たされて初めて、集団への「所属欲求」が生まれ、それが満たされると、自分の存在や価値を認めて欲しいという「承認の欲求」が生まれます。そしてその欲求が満たされてはじめて、人の欲求は「自己実現欲求」というピラミッドの頂点にたどりつきます。"自分の強みを活かして会社に貢献したい"という意欲はそのステージで生まれるものですから、まず上司は、「自分は必要とされている存在なんだ」と部下が実感できるように関わり、承認欲求を満たしてあげる必要があるのです。

そもそも日本人の多くは、ほめることにも、ほめられることにも苦手意識を持っています。けれども"ほめる"という行為は相手の存在とその価値を認める行為であり、相手の心を開いて信頼関係をつくる大きな効果があるのです。

そこで人をほめるのが苦手、という人にぜひ実践してもらいたいのが、相手に感謝とねぎらいの言葉をかけること。感謝するということは、まさに「あなたの存在価値を認めています」という承認のメッセージなのです。

よく観察する

まずは日常的に人をほめたり感謝する習慣を身につけましょう。そのためにはよく人を観察することが必要です。コーチはクライアントのことをよく観察しています。部下を持つ人はコーチングの時だけでなく、日頃から彼らの言動を温かく見守って、どんなこだわりを持って仕事をしているのか、どんなことを大切にして人と関わっているのか、といったことに目を向けてみましょう。

5-9 部下の心を開くほめ方——心に響くほめ方とは

そしてほめ言葉を伝える時は、感謝の言葉とセットにすることで、よりさりげなく自然に伝えることができます。いくつかその例をあげてみましょう。

もう少しで大問題に発展するところだったよ。いつもこまかいことに気付いてくれてありがとう。

いつもねぎらいの言葉をありがとう。キミの言葉でストレスが吹っ飛ぶよ。

いつもさわやかな笑顔をありがとう。癒されるよ。

ポイントは、感謝の気持ちを伝えると同時に、相手のどんなところをいいと思っているのか、そしてそれがどういう効果をもたらしているのか、ということを明確に伝えることです。

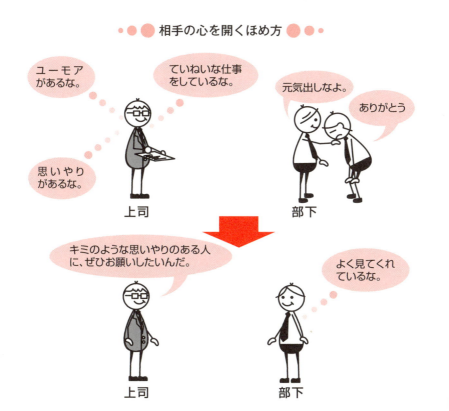
相手の心を開くほめ方

5-10 相手の心を開くほめ方
—①ほめ効果を高める

私たち日本人は欧米人に比べ、ほめることが苦手です。けれどもせっかく勇気を出してほめるなら、より効果的な方法でほめたいもの。ここでは、よりほめ効果を高める言葉の使い方やシチュエーションの選び方について伝えます。

みんなの前でほめる

「承認」はコーチングの重要な柱のひとつです。コーチングが職場に浸透することで、人をほめたり認めたりする文化が定着するのは、素晴らしい副産物だといえるでしょう。

たとえば注目を集めるのが好きな部下には、人前でほめると一段と効果的。リーダーシップを発揮してほしい場合には「〇〇君は人望があるからなぁ」「〇〇君の一言には重みがあるなぁ」というふうに、相手の持っているリーダー的な資質についてほめてあげましょう。

ほめられた時の喜びが大きければ大きいほど、セルフイメージは上がりますし、その場に居合わせた証人が多いほど「そういう人物にならねば」という意識が高まり、期待に応えようとしてくれます。逆に注目されることを好まない人、シャイなタイプの人は、個別にほめる方がベター。ストレスを感じることなくほめ言葉を受け入れてくれるでしょう。

あるいは、誰かに紹介しながらほめる"ティーアップ"という方法もあります。たとえば取引先の人に対して「彼は若手のホープなんです」「ここだけの話、彼女は今年の新人の中で一番私が期待している人物なんです」「彼は本当に仕事が丁寧ですので、きっと御社のご期待に沿えるサポーターになります」と紹介することで、ほめられた人の自尊心は大いに高まります。さらに取引先の人が彼・彼女をそういう目で見るようになりますから、期待に応えようというモチベーションも高まるのです。

間接的にほめる

ほめ言葉の真実味を高める効果があるのが"**間接的にほめる**"という方法です。

5-10 相手の心を開くほめ方―①ほめ効果を高める

陰で言うものといえば悪口と相場が決まっていますから、あえて陰でほめると効果があるわけです。

たとえば「佐藤君ほどプレゼンのうまい人にはこれまで出会ったことがないよ」というふうに、佐藤君と比較的親しい人に対して言っておくとしましょう。すると遅かれ早かれ、そのほめ言葉は佐藤君本人に伝わることになります。直接ほめられると「ボクをコントロールしようとしてるのかな？」などと警戒しがちな人物も、風のうわさで自分に対するほめ言葉を聞いたなら、「あれ？ 課長ってそんなふうにボクを評価してくれているんだ」と素直に受け止めてくれる可能性が高くなります。

決してやってはいけないのは、いつも本人をほめているのに、陰でこっそり悪口を言う、というパターン。ひと度誰かからまわりまわって悪口が伝わってしまうと、その後いくら本人をほめても信じてくれなくなります。

この間接的にほめるという方法を応用すると、社内のギクシャクしている人間関係を修復することも可能です。たとえばお互いにあまり良く思っていないAさんとBさんがいたとします。Aさんには「Bさんがあなたの○○をほめていたよ」Bさんには「Aさんがあなたのことを○○だってほめていたよ」というふうに伝えるのです。ウソにならない程度に少々誇張したっていいでしょう。すると「アイツ、そんなふうに思ってるんだ」と多少なりとも相手に対する感情的なわだかまりが減り、両者が歩み寄るきっかけにもなるのです。

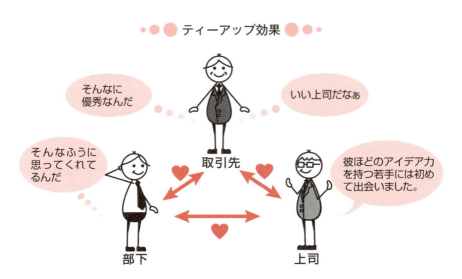

ティーアップ効果

5-11 相手の心を開くほめ方
—②目上の人をほめる

目上の人から引き立てられる人に共通するのは、ほめ上手だということです。ただし目上の人をほめる時にはひとつ大きなポイントがあります。それは「評価をしない」ということです。ではどんなふうにほめるといいのでしょうか。そのコツをお伝えしましょう。

Iメッセージでほめる

　上司の話を聞いて「さすが上手だなぁ」と感銘を受けたとしましょう。中には「すごいですね！」「さすがですね！」「お話がお上手ですね」といったほめ言葉で喜んでくれる上司もいることでしょう。

　しかし「お話がお上手」というのは、ほめ言葉ではありますが相手に対する"プラスの評価"になります。そのため「なぜ君に評価されなくてはならんのだね？」と不愉快に感じる人も多く、できれば相手を評価するようなほめ方は避けて、相手に対する自分の思いを伝える"I（アイ）メッセージ"を使うことが望ましいのです。

　たとえば上司の話しっぷりをほめるのであれば「お話を伺って、とても感銘を受けました」「ボクも〇〇さんのように、人をひきつける話ができるようになりたいです」「大変勉強になりました」というふうに伝えれば、相手の抵抗を引き起こすことなくあなたの好意を伝えることができるのです。

質問でほめる

　私たちが人をほめる時に抵抗を感じる理由のひとつが「受け止めてくれなかったらどうしよう」という懸念です。なぜそんな懸念を抱いてしまうのでしょう？　その理由は、自分も日頃人からほめられるとつい謙遜してしまう習慣があるからです。

　そして勇気を出してほめたのに「いえいえ、そんなことはありませんよ」と拒絶されたことで、さびしい気持ちになったことがあるからではないでしょうか。そこですすめたいほめ方が"**質問でほめる**"という方法です。

　　部下：山田さんのお話を伺って大変勉強になりました。どうすれば山田さんのように、人の心をつかむ話し方ができるようになるのでしょう？

5-11 相手の心を開くほめ方

上司：いやぁ……それほどでもないけど（照）。でも話し方なんていうのは、やはり場数がモノをいうんじゃないのかなぁ。それから話し方の技術を身につけることだよ。

部下：技術と場数なんですね。ほかに、山田さんの話し方が大きく変わったターニングポイントがあったら教えていただけませんか？

上司：そうだなぁ……会社の後輩たちのために伝えなくては、という使命感に燃えた時、自分でも影響力のある話し方ができるようになった気がするよ。

　自分が何か実績を上げてきたこと、あるいは得意分野のことで誰かにアドバイスをするというのは、とても自尊心の高まる行為です。この会話例では部下はプラスの評価を伝えることなく、Iメッセージと質問だけで、上司がうれしくなるような会話を成立させています。ストレートにほめると、謙遜された時に会話がそこで途切れてしまいます。ところが質問を使うとどうでしょう？　私たちは人から質問されると"答えなくては"という意識が働きます。その結果、会話がスムーズに続いていくのです。

質問を使ったほめ方は、相手に喜んでもらうことができ、なおかつ相手のリソースを引き出すことができます。

5-12 効果的な叱り方

部下を叱る時、素直に受け入れてもらえて、より信頼関係を強くするためには、どんな叱り方をすると効果的なのでしょうか。コーチングのエッセンスをどう用いれば良いか考えてみましょう。

日頃の関係づくり

部下を叱らなくてはならない時、どうすれば素直に受け入れて、今後の仕事に反映してくれるのでしょうか。おそらく誰もが過去の自分の経験からヒントを得ることができるはずです。自分の力を見込んで、期待してくれる上司や先輩からのお叱りは、愛のムチとして素直に受け入れることができ、さらに信頼関係が深まるきっかけになったのではないでしょうか。

つまり、日頃から部下の可能性を信じて良いところを見つけてほめ、力づけるというコミュニケーションをとっていてこそ、叱るという行為を愛情表現として受け止めてもらうことができるのです。

期待感を伝える

相手が受け止めやすい叱り方には、次の2つの方法があります。ひとつ目は"Iメッセージ"*を使う方法です。たとえば部下が作った企画書のクオリティが低かったとしましょう。「手を抜くな」というのは"YOUメッセージ"、「手を抜いているように感じるんだが」というのは"I(アイ)メッセージ"です。

もうひとつは"サンドイッチ話法"です。①ほめる→②叱る→③ほめるという手順で、"叱る"というステップをプラスの会話でサンドするのです。Iメッセージとサンドイッチ話法の両方を使った叱り方をひとつ、例に挙げてみましょう。

上司：いつもよく頑張ってくれて、ありがとう。忙しいのに、いつもうちの部署
　　　全体のことに気を配ってくれていて、とても助かっているよ。
部下：恐れ入ります。そんな風におっしゃっていただけるととてもヤル気が出ます。

＊Iメッセージ 「私は〜と感じた」とあくまでも自分の見解として伝える方法。YOUメッセージは「あなたは〜だ。」という断定的な表現。

5-12 効果的な叱り方

上司：そんなキミだからこそ、ひとつ伝えておきたいことがあるんだ。
部下：何でしょうか？
上司：例の新しいプロジェクトの件だけど、昨日ボクを飛び越えて直接部長に相談しに行ったらしいね。ボクは正直言ってとても残念に思ってるんだけど。キミはどう思ってる？
部下：本当に申し訳ございません。課長がいらっしゃらなかったので、つい部長にお話してしまいました。あきらかなルール違反だと思います。以後気をつけます。
上司：分かってくれたらそれでいいんだ。何せうちの部署を引っ張っていってくれるリーダー的存在だから、そのくらいのパワーがないとね。これからも期待しているよ。

まずはねぎらいや感謝の言葉を伝える（相手＝認められていると感じる）→Iメッセージで叱る＆相手の想いをヒアリングする（相手＝あくまでも上司の見解としてとらえることができるので受け入れやすい。そして言われっぱなしではなく自分の意見も聞いてくれることへの公平感を感じる）→今後への期待を伝える（相手＝認めてくれているからこそあえて言ってくれたのだと思える）という流れになっています。

●●● 効果的な叱り方 ●●●

上司

部下

①ほめる→②叱る→③ほめるという手順で、"叱る"というステップをプラスの会話でサンドすると、受け止めてもらいやすくなります。

5.13 能力を引き出す美点凝視

部下が自分の才能や強みに気付き、それをビジネスの現場で最大限に発揮するためには、上司や先輩からの"美点凝視"が何より効果的です。相手のいいところを見続けると、ポジティブな循環をつくり出すメカニズムが働くからです。

原石を発見する

これまでの人生を振り返ってみて、自分の才能や魅力を引き出してくれた人を思い出してみてください。それは両親であったり、先生であったり、上司であったり人それぞれでしょう。けれども人生のうちで一番私たちと接する時間が長いのは、恐らく職場の上司や先輩といった仕事の関係者ではないでしょうか。

私たちが持っている原石に光をあててくれる人がいるからこそ、それを磨き上げて宝石にすることができます。しかし自分でも気づかず、誰からも知らされなければ、もったいないことに原石はずっと陽の目を見ることなく、眠ったままです。部下がどんな原石を持っているのかを教えるのは上司だからこそできること。人望のある上司は、人を輝かせるのがとても上手です。足りないものを補うことも必要かも知れません。けれども、すでに持っているものに光をあて、本当にその人がその人らしく輝くようにサポートすることが、何より大切なのです。

部下の自己イメージを変える

たとえば職場でほとんどほめられたことのない人が、新しい上司から「キミは行動力があるなぁ」「キミにまかせておけば安心だよ」とほめられたとしましょう。最初は「そんなことを言われたのは初めてだ。本当かな？」と半信半疑で聴くかも知れません。けれども、ずっとそう言われ続けるうちに「私は行動力があり頼れる人間なんだ」という風にプラスの自己イメージが定着していくのです。

常に承認し続けてくれる人が近くにいると、その人の期待に応えるためにその長所をフル活用しようとするから不思議なものです。これを**レッテル効果**といいます。

これは常にクライアントの強みや魅力を承認し続ける、コーチングの効果と同

5-13 能力を引き出す美点凝視

じ。部下に対して「なぜ今のままのあなたではダメなのか」ということを懇々と語る人もいますが、部下の可能性をつぶしたいのでなければダメ出しはほどほどにしなくてはなりません。

もちろんホメられて調子に乗るだけではダメですから、時には苦言も必要でしょう。でも顔をあわせる度に口から出てくるのがお説教ばかりでは、"上司＝可能性をつぶす人"となり、相手は部下でいることが苦痛になります。

ところがいつも美点にフォーカスしてくれる上司であれば、共にいることで自分のポテンシャルを発揮することができ、多少叱られても素直に受け入れることができるのです。いかにさまざまな角度から、部下の持つ能力、魅力を引き出していくか。そして心から信じて期待することができるか。それが上司に求められる部下育成能力なのです。

部下のもつ能力を引き出す美点凝視

5.14 新しい現場で効果的に関わる

管理職として、未経験の現場に配属された場合、どのようなコミュニケーションをとると現場の力を発揮させることができるのでしょうか。現場を知らないという"強み"を活かしたコミュニケーションについて考えてみましょう。

相手から引き出す

管理職の人々が、買収や合併により突然新しい現場を担当せねばならなくなったり、組織活性化のために未経験の現場に配属されたり、といったことが増えてきました。管理職の人々は「早く新しい現場のことを知り的確な指示命令を出せるようにならねば…」という焦りがあるでしょうし、現場の人たちは「仕事の中身を知らない上司が来るのか…」という不安感があるでしょう。

実はこのような環境でこそ、コーチングスキルを効果的に使うことができるのです。現場のことは現場の人たちが一番良く知っています。コーチングとコンサルティングの違いでも説明しましたが、コンサルタントは相手の求めている答えを提供します。そして、相手が自分で答えを見つけ出すのをサポートするのがコーチの役割。新しい現場に配属されて現場をよく知らないからこそ、先入観にとらわれることなく、部下たちの新たな気付きや学びを引き出すことができるのです。

Not Knowingアプローチ

コーチングのエッセンスの中に採り入れられている、**ナラティブ・セラピー** *の考え方に「好奇心を保ち、本当に答えを知らない質問をすることが重要である」というものがあります。「きっと問題の原因はこれだろうから、気付かせてあげないと」という誘導質問ではなく、"**Not Knowing**"の姿勢で質問をすることがポイントなのです。現場における例を挙げてみましょう。

● 現場を知っている場合

部下：Aさんに新製品について教えて欲しいと言ったのですが取り合ってくれま

＊ナラティブ・セラピー 「クライアントが抱えている問題は、クライアントが作った物語によって生み出されている」と考える。クライアント自身がこれまでの否定的な人生の物語を肯定的な物語へと書き換え、問題の解決を目指す治療法。

せん。
上司：ああ、彼は今プロジェクトリーダーで飛び回っているからな。それにああいうガンコな性格だから、あまり気にしないで企画室のBさんに聞いてみたらどうだ？
部下：分かりました。

● 現場を知らない場合
部下：Aさんに新製品について教えて欲しいと言ったのですが取り合ってくれません。
上司：取り合ってくれないってどういうこと？
部下：自分で調べろ！って怒られたんです。
上司：それでキミはどう思っているんだ？
部下：社内資料があることは分かっていたのですが、Aさんに聴いた方が手っ取り早いって思ってしまったんです。でもそれではAさんの時間を奪うことになりますよね……
上司：で、どうする？
部下：まずは調べてみます。それでも分からないことがあれば対策を考えます。

前者の例では上司が現場のことを良く知っているために、Aさん＝ガンコという認識が強く、部下の自発性を促すチャンスを逃しました。しかし後者の方では、取り合ってくれなかった理由を部下に考えさせることにより、部下に成長のきっかけを提供することができたのです。

●●● 前の上司に「手抜き男」のレッテルを貼られていたけれど… ●●●

上司

何があったのかな？

部下

申し訳ありません。昨日は熱がありまして…

一方的に悪者にしないで、尊重してくれているな。

5-15 メンターとしての資質を高める

"メンター"として選ばれたら、どんなことを意識してメンティに関われば良いのでしょうか。ここでは、メンターとしての資質を高め、より相手と信頼関係を深めるために、どのようにコーチングを活用すれば良いかを考えてみましょう。

気付きを与える存在になる

若手社員の離職防止のため、**メンター制度**を導入する企業が増えています。メンター制度とは、直属の上司とは別に、先輩社員が相談役として新入社員や若手社員をサポートする仕組みのこと。

企業・団体のHR領域に関する調査・研究を行っているHR総研が、人事担当者向けに新入社員に対するメンター制度の有無を調査したところ、メンター制度またはそれに準ずる取り組みがあると回答した企業が51%と過半数を超えています（2015年9月時点）。

しかしながら、一般的には会社側がメンターを指定することも多いため、メンティの求めるものとメンターの持っているものが必ずしも一致するとは限らず、すべての対象者がこの制度を満足に活用するのは、難しいといえるでしょう。

そこでぜひ活用してもらいたいのがコーチングスキルです。メンティが得たいと思っているのは自分がさらに向上するきっかけ。コーチングスキルを身につけているメンターであれば、情報を与えてくれるだけでなく、メンティが必要としている気付きを引き出すことができます。

またメンターとして選ばれた人は、そのチャンスを活かして自分自身を磨き、ビジネス面での成果アップ、プライベートも含めた自己の成長を手に入れることができます。そして一度コーチングスキルを習得しておけば、部下や同僚、取引先とのコミュニケーションはもちろんのこと、家族や友人などとのコミュニケーションにも活用することができ、一生の財産になるのです。つまりコーチングスキルを学ぶことは、メンター自身にもメンティにもプラスになるといえます。

自発的にメンターを選ぶ

また若手社員も、自ら社内外でメンターとなって欲しい人物にアプローチをかけてみると良いでしょう。依頼された人も"学ばせて欲しい先輩"として白羽の矢を立てられたことで、背筋が伸びるはずです。

メンターを選ぶ際には、ビジネス面での活躍ぶりや尊敬できる人柄であるかどうかということはもちろんのこと、加えてコーチングスキルを身につけている人を選択すれば、一石二鳥です。

●●● コンサルタント型メンターとコーチ型メンター ●●●

5.16 新入社員の定着率を高める

新入社員が入社3年以内に3割離職しているといわれています。どうすれば長く勤めたいと思える会社になるのでしょうか。そして上司や先輩はどのように関われば良いのでしょうか。コーチングの活用方法について考えてみましょう。

時間の長さより密度

成果主義人事の普及により、自分の成果を上げることに一生懸命で、部下のケアにまでなかなか気を配る余裕のないプレイングマネジャーも多いことでしょう。

確かに部下の話を聴いて内容を理解し、的確なアドバイスをするには時間と労力がかかります。また一見同じような悩みのように見えても、その原因や適切な解決策は人それぞれ違いますから、十把一絡げに扱うわけにもいきません。

そこでぜひ活用してもらいたいのがコーチングです。コーチングはクライアントが自分の頭で考えて自分で行動して成果を上げるためのコミュニケーションツール。

本来人は自分自身で道を切り開いて行く力を持っています。けれども挫折を経験したり、ひどく叱責されたりすると、私たちはついそれを忘れがち。そんな時本来持ち合わせている力を呼び覚ますのが、このコーチングなのです。

上司が自分を見守ってくれていて、存在を認めてくれ、信頼してくれていると実感できることで、部下の自発性が高まります。

相手を大切にしているかどうかは、単に話を聞く時間の長さに比例するわけではありません。たとえ5分でも10分でも、しっかり相手の言葉を受け止め、相手の力を信じて相手の中にある可能性を引き出す会話を行うことで決まるのです。

逆に1時間話そうが2時間話そうが、相手を否定するような説教ばかりしていては、信頼関係は生まれませんし、部下を力づけることもできません。自分の抱えている日々の業務に忙殺されていると、人を思いやる余裕を失いがちですが、足元だけでなく、毎日少しでもいいから周囲を観察する時間を持ちましょう。すると若手のヘルプサインにも気付くはずです。

内なる輝きに気付く

　若手社員も直属の上司による手厚いサポートを期待するばかりでなく、先輩や社内外の知人などとの交流を通じて大いに学ばせてもらいましょう。またプライベートでコーチをつけたり、コーチング関連のセミナーや自己探求のセミナーで自分と向き合ってみるのも自己の向上に大変役立ちます。

　そして若手がそのように自ら成果をつかむために行動するには、上司や先輩が若手の良さを認め力づける必要があります。人は自分の未来に可能性を感じることができてこそ、自ら学び成長しようとするものです。

話を聞く時間の長さではなく…

長時間でも

上司：私は忙しいのに2時間もつきあってやっていて、いい上司だなぁ。

何も考えてない。
成長が遅すぎる。
意識が低い。

部下：どんどんモチベーションが下がってしまう。

短時間でも

上司（コーチ）：さっきの会議での発言、いいリーダーシップ発揮してたね。

部下（クライアント）：ありがとうございます。役員の方もいて緊張しましたが勇気出して言ってみたんです。

うれしいなぁ。認めてくれて。

5.17 上司との関わり方

上司のニーズを引き出し、それを満たすきっかけを提供し、頼もしい右腕となるにはどうしたら良いのでしょうか。コーチングスキルを使った上司との関わり方について考えてみましょう。

さりげなく想いを引き出す

　コーチングは部下の可能性を引き出すだけではなく、上司や同僚、他部署や取引先の人々との会話にも大いに役立ちます。上司とのやり取りに使う際、ポイントとなるのは、普段の会話の中に"さりげなく"コーチングのエッセンスを織り込むこと。

　卓越したコーチは、日常会話の中にさりげなくスキルを取り入れています。自ら望んでクライアントとなる人にとって、コーチの投げかける言葉は、魔法の言葉に聞こえるかも知れません。けれども内面との対話を望んでいない人にとって、あからさまにコーチングっぽい質問をされることは、逆に不快になる可能性もあるのです。不快感を与えることなく、むしろ喜んでもらえるような関わり方をご紹介しましょう。

> **上司**：うちの会社も昔は活気があったのになぁ……
>
> **部下**：へぇ〜活気があったんですね。どんな感じだったんですか？
>
> **上司**：時には大ゲンカもするけど、腹割ってストレートに話してたなぁ。同僚というより戦友って感じだったな。
>
> **部下**：戦友ですか…アツイですね！
>
> **上司**：アツかったさ。みんなで戦って会社を大きくしていこうっていう気概があったからな。
>
> **部下**：ボクもその時代を経験したかったですよ…エキサイティングだったでしょうね。
>
> **上司**：ああ。ぜんぜん違ったよ。今はオフィスが静か過ぎて気持ちが悪い。
>
> **部下**：当時のように活気が出るといいですよね……何かいい方法はないでしょ

5-17 上司との関わり方

うか？
上司：キミもそう思うか！うれしいな。そうだなぁ。まずは大きな声で挨拶することから始めるか。

コーチングセッションの場合、部下の最初のセリフにある「活気があったんですね」のように、おうむ返しをしっかり使って気付きを促すことが多いのですが、この例では「戦友ですか…アツイですね！」という風に、おうむ返しに言葉をプラスしたり、「ボクもその時代を経験したかったですよ」と上司の話を聴いていて感じたことを自分の言葉で表現しています。コーチングのスキルを取り入れつつ、自分の言葉も交えてしっかり上司の話に寄り添っており、上司の想いを引き出すことに成功しています。

このように関わることで「コイツは話の分かるヤツだ」と親近感を持ってもらえ、話にも耳を傾けてくれるようになるでしょう。

●●● 上司のスタイルに合わせる ●●●

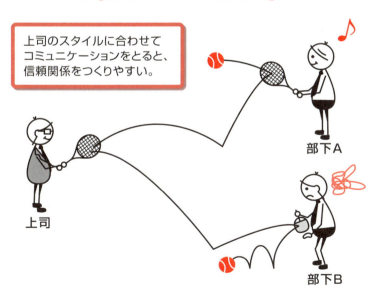

上司のスタイルに合わせてコミュニケーションをとると、信頼関係をつくりやすい。

上司／部下A／部下B

5.18 職場の雰囲気をプラスに変える

職場環境を変え、メンバーのモチベーションを上げるために、一体どんなことができるのでしょうか。コーチングの考え方や関連したアプローチを踏まえ、その可能性を探ってみましょう。

ドミノの1枚目を倒す

誰もが多かれ少なかれ、自分の所属する組織をよりよいものに変えたいという願望を持っているはず。ところが私たちはともすれば、"しょせんひとりの力じゃ組織に変化なんて起こせない……"とあきらめてしまいがちです。

組織でも社会でも、人が集まるとなぜか不平不満の声が出てきます。なぜなのでしょうか。人は不平や不満を口にすることで被害者の立場を主張することができ、不満足な状態を会社や社会のせいにして、自分を正当化できるからです。

職場の改革も社会の改革も、誰かがやってくれるのを受け身で待つのではなく、ひとり一人がドミノの1枚目を倒そうという意識を持つことで始まります。コーチングを受けることで、自分のリソースに気づき、自分で考え行動するという体験ができます。すると自分を取り巻く状況に変化を起こります。コーチがしてくれたような働きかけを、同僚に対して提供することで、少しづつ変化が起きてくるのです。

強みや魅力を分かち合う

"よりよい組織"づくりを目的としたミーティングにもかかわらず、それが単なる不平不満の発散の場、上司や部下・同僚、他部署をこきおろす場と化していたらどうでしょうか。

日頃聞いてもらえない不平不満を吐き出す場所は必要かも知れません。しかし、それで終わっていては、改革は始まりません。そこから一歩進んで未来に目を向ける必要があります。

コーチングの個人セッションでも、コーチはクライアントの不平不満を受け止めはします。けれどもその後「それであなたはどうしたいのですか？ まず何をしますか？」と、必ず自らアクションを起こすことを求めます。不平不満を口にしてい

5-18 職場の雰囲気をプラスに変える

るだけでは、事態は好転しないからです。

　個人対象のコーチングも組織改革のためのコーチング活用法も基本は同じです。そこで組織改革ミーティングは、①現状把握、②目標設定、③リソースの発見、④アクションプランの作成の4つのステップで、関係者が意見を出し合って進めて行きましょう。

　コーチングと近い世界観を持つAI＊という組織改革の手法があります。欠点補正ではなく、可能性の発見・長所伸展をベースにした手法です。こういったプログラムを導入し、メンバーひとり一人が組織改革に参画する意識を持つことが、よりよい組織づくりに不可欠なのです。

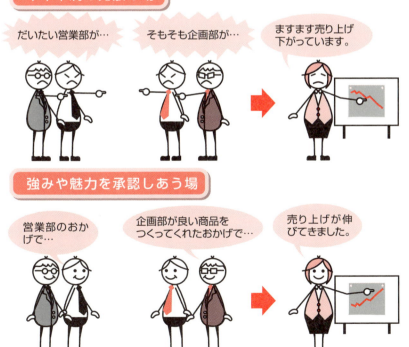

職場の雰囲気をプラスに変える

不平不満の発散の場
だいたい営業部が…
そもそも企画部が…
ますます売り上げ下がっています。

強みや魅力を承認しあう場
営業部のおかげで…
企画部が良い商品をつくってくれたおかげで…
売り上げが伸びてきました。

＊AI Appreciative Inquiryの略。米国企業を中心に、数多くの組織に大きな変化をもたらした理論。会社の問題点は一切追及せず、会社の持つ「良いところ」「長所」「可能性」にスポットを当てる。

5. 19 優秀な人材を育てるには

部下の能力を引き出し、優秀な人材に育て上げるには何が必要なのでしょうか。ここでは上司がどういう姿勢で部下に向き合うと良いか、そして上司自身がどのようなことを心がけて日々仕事に取り組むと良いのかを見ていきましょう。

自分と向き合い続ける

"人は自分の鏡である"といわれます。"私のまわりにいる人たちは意地悪な人ばっかりだ"と思うならば、自分自身の意地悪さを教えてくれているのかもしれないし、"私のまわりにいる人たちはみんな親切で愛にあふれた人たちだ"と思うならば、自分自身が愛にあふれていることの現れなのかもしれません。

このように相手を通じて自分の嫌な部分や良い部分を見ることを、心理学用語で**投影**といいます。"どいつもコイツもダメなヤツばっかりだ"という口癖がある人は、過去の自分の姿を目の前の部下に投影しているのかもしれないし、"気位ばかり高くて使えない部下"がいるとしたら、もしかしたら気位が高いのは本人自身かもしれません。

上司本人が自分を客観的に見つめて、過去の体験からくるとらわれを解放し、新しいものの見方や考え方を手に入れることで、部下の見え方にも変化が起こることでしょう。自分が変われば面白いぐらい相手も変わるものです。

"自分ごと"にする

この仕事に取り組むことは、自分にとってどんな意味があるのか、成果を上げることで、自分にどんなメリットがあるのか…部下が義務感ではなく、意欲的に仕事に取り組むためには、その仕事が部下にとって**"自分ごと"**にならなくてはいけません。

上司は日常会話の中で、部下がどんな夢を持っているのか。将来どんな風になりたいと思っているのかをヒアリングし、どういう風に伝えれば、部下の仕事に対するモチベーションが上がるのか、創意工夫をする必要があります。

上司：中村君は、どうしてうちの会社に入ったの？
部下：学生時代に飲食店でアルバイトをしていて、人と接する仕事って面白いなぁと思ったからです。今は経理部ですから、希望した部署とは違うんですけれど。
上司：そっかー。人と接する仕事を希望していたんだね。将来的には何か夢とかあるの？
部下：近い将来企画部に移って、新業態の開発に関わりたいですね。
上司：だとしたら、今経理部でひと通り経営管理のことについてしっかり学べば、異動した時にすぐその知識を活用できるね。
部下：そうですよね！　何だかやる気がわいてきました！

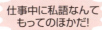
自分と向き合い自分を知る

本当は私も仲間に入りたい…
仕事中に私語なんてもってのほかだ！

上司　　　　　　　　部下

第6章 営業・接客・サービス職向け活用術

コーチはスムーズに信頼関係をつくるテクニックや相手の要望を引き出す質問術を身につけています。これらのスキルは、セールスパーソンやサービス業の人にとっても大きな武器となります。それらが果たしてどのように効果を発揮するのか、具体例を交えて紹介しましょう。

❶安心・安全な場を提供する

ノリを合わせる
お客さんが安心して、いつもの自分らしく話せる環境を提供してあげましょう

相手を認める
人は否定されると、反論したくなり、肯定されると自ら問題点を語り始めます。

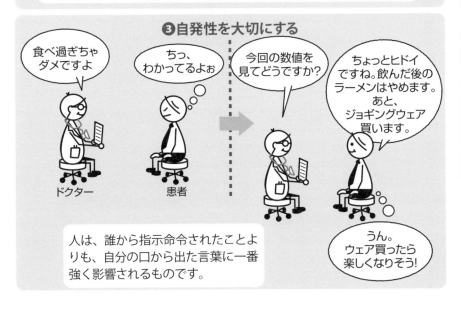

6-1 医療機関で効果的な治療を行う

患者さんの症状を的確に把握して効果的な治療を行うには、"安心感の提供"と"確認作業"が欠かせません。ここでは、コーチングスキルを用いて患者さんに安心感を与え、症状を正しく把握し、治療効果を高めるための関わり方を解説します。

確認する

医師、看護師、薬剤師といった職業の方々は、患者さんが訴える症状を、間違えずにしっかり聞き取る必要があります。そこでぜひ実践してもらいたいのがコーチングやカウンセリングで用いられている"バックトラッキング"というテクニックです。別名"おうむ返し"ともいい、相手の言った言葉をそのまま繰り返して伝える方法です。

たとえば患者さんが「立ち上がろうとすると、左のひざがズキンズキンと痛むんです」と言ったなら「立ち上がろうとすると、左のひざが痛むんですね」と、患者さんの言葉を繰り返して確認するのです。

この方法を用いることにより2つのメリットがあります。ひとつ目は患者さんの訴えや病状を正確に把握することができるというメリット、もうひとつは患者さんが「私の話をしっかり受け止めてくれている」と安心し、信頼してもらえるというメリットです。

また、終始ドクターがカルテに目を落としたまま会話をすると、患者さんを尊重していない印象を与えかねません。適宜患者さんの方に身体を向けてアイコンタクトを取りながら、診察するよう心がけましょう。

語ってもらう

とりわけ生活習慣病の患者さんに対してサポートを行う際には、コーチングが大変有効です。なぜなら健康のためだと分かっていても、誘惑に負けてしまってなかなか食生活や運動習慣を変えられないことが多いものですが、コーチングのスキルを使って理想の未来像を引き出すことで、断然モチベーションが上がるからです。

ドクター：今お伝えした検査結果について、どう感じておられますか？
患者さん：中性脂肪の値がかなり高いから、何とかしなくちゃいけないな、と思っています。
ドクター：では近い将来、中性脂肪が減って理想の状態になった時、毎日がどんな風になっていると思いますか？
患者さん：体重が10キロ減って、満員電車で申し訳ない気持ちにならずに済むと思います。それに学生時代のようにかっこよくなって、女性からモテると思います！
ドクター：その状態に近づくために、できることがあるとしたら何ですか？
患者さん：実は市民マラソンにチャレンジしたいと思っているんですよ。ちょうど1年後に開催されますから、週に2回、まずはウォーキングから始めようと思います。

このように患者さん自身の望みを引き出すことによって3日坊主になるのを防ぎ、目標を達成するまで継続するモチベーションにつながるのです。

●●● **患者さんとの信頼関係をつくる** ●●●

患者さんの方を向き言葉を繰り返すことで、信頼感を与えることができます。

6-2 相手の要望を引き出す

人は、自分の口から出た言葉に一番大きな影響を受けるものです。商品やサービスの素晴らしさをどれだけ力説するよりも、質問のスキルを使って相手からニーズを引き出した方が、はるかに相手の購買意欲をかき立てることができます。

相手から引き出す

この世で一番自分を納得させることができる人は誰なのでしょうか。それは他ならぬ自分自身。最近では過剰な説明を控え、相手に質問を投げかけてニーズを引き出すことにウエートを置いているセールスパーソンが増えているようです。

相手からニーズを引き出すコーチング的セールストークを、コンサルティング会社の営業担当と個人の見込客との会話を例に挙げて解説します。

営業担当：あなたが今求めておられることは何ですか？

見込客：私は個人事業主なんですが、もっと売り上げを上げたいんです。そのために、より効果的な研修コンテンツを作りたいんです。

営業担当：そのためには何が必要だと思いますか？

見込客：自分の強みを再確認することと、自分にないノウハウを持った講師に接触することでしょうか。

営業担当：このセミナーを受けることによって、何が得られると思いますか？

見込客：自分の強みを明確にできそうですし、実力のある講師の方々も申し込まれているので、いろいろと学ばせてもらえそうです。

自分の言葉に説得される

前述のように見込客本人に質問を投げかけていくことで、より自発的に申し込んでもらうことが可能になります。いったいどうしてなのでしょうか。その理由には2つあります。ひとつ目は、質問することで相手の潜在的な欲求を引き出せること、2つ目はセールスパーソンに説得されたのではなく、自分で語り、自分で決断したという満足感が生まれることです。

6-2 相手の要望を引き出す

　人は自分で決断したことに対して、実行しようという意志が働きます。立て板に水のような営業トークを聞かされても、本人の口から出た言葉以上に心を動かすことは難しいもの。ニーズを引き出す質問を投げかけ、さらに本人の口から「やるといいことがある」「買うと人生が豊かになる」と語ってもらうことがクロージングを成功させる秘訣なのです。

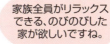
相手の要望を引き出す

毎日の暮らしの中で、こうなったらいいなという夢があったら教えてください。

住宅のセールスパーソン

家族全員がリラックスできる、のびのびした家が欲しいですね。

そうそう！のびのびしたいんだよな。

見込み客

質問を投げかけることで、潜在的なニーズを引き出すことができます。

6-3 商品がもたらすドラマをみせる

商品やサービスは未来への扉を開けるきっかけに過ぎません。商品やサービスを購入することにより、顧客がどんな理想の未来を手に入れることができるのか、そこに焦点をあてて夢をふくらませることがポイントなのです。

商品は入り口

　人が商品やサービスを購入する動機はいったい何なのでしょうか。たとえば本を買うのは、そこから知識を得ることでビジネスの質を高めたり人生をより豊かにしたいといった目的があるから。そして花を買うのは、生活空間に潤いが欲しいとか、訪ねてくるお客さんをもてなしたいという目的があるからです。つまり商品やサービスそのものは、「人生を豊かにしたい」「お客さんをもてなしたい」といった目的を実現するための手段にしか過ぎないのです。

　たとえば何か楽器を始めたいと思い、楽器店に立ち寄ったとしましょう。フルート売り場で商品を眺めていたら、店員さんが声をかけてきて「お値段の差は材質の違いです。日本製はクオリティが高いですから、やはりお値段も違って参ります。でも長く続けられるのでしたら、こちらがおすすめです」といった話をしたらどうでしょうか？

　フルートを習うために教室を探している、というぐらいやる気満々の人ならばそのアプローチでもいいかも知れませんが、「フルート吹けたら素敵だろうなぁ」という思いでふらっと立ち寄ったお客さんの心には、ちょっと響きそうにありません。

　ところが「ボクもフルートを吹いているのですが…演奏することで感動が得られたり、フルートを通じて音楽仲間と触れ合えることを楽しんでいます。お客様はこれまでに何か楽器をやっておられましたか？」というトークだったらどうでしょうか。こんな風にスタッフ自身の体験談を語ってくれたなら、顧客の頭の中にイメージが広がり、質問によって過去の体験を語るきっかけになって、楽器を演奏する喜びを呼び覚ますことができるかもしれません。

　商品そのものに焦点をあてるだけではなく、その商品が創り出す世界に目を向

けてもらいましょう。商品が家電製品でも車でも家でも同じこと。人は商品やサービスそのものではなくて、それらが生み出すドラマに心魅かれるのです。

視野を広げる

　前述のセールストークには、コーチングの要素が盛り込まれています。コーチングを受けるクライアントは最初「英会話力を上げたい」「仕事で成果を上げたい」といった目標を掲げてコーチングに臨みます。けれどもそれはあくまでも表面的な望みでしかありません。そこでコーチングでは「英会話が上達すると、どんな人生になりそうですか？」「成果が上がるとどんないいことがありますか？」と、その先のドラマに焦点をあてます。クライアントの視野を広げて、今取り組もうとしていることが人生にどんな影響をもたらすのか考えてもらうのです。

　楽器や車を買い求めるお客さんも、素敵なドラマをもたらしてくれる何かを探しているのです。そこで顧客がその商品やサービスを手に入れることで、いったいどんな素晴らしい未来が待っているのかを一緒に考えていくことが大切なのです。

商品がもたらすドラマをみせる

6-4 相手に合わせる

営業も接客も基本はコーチングと同じです。安心感を持ってもらうために、相手と
コミュニケーションスタイルを合わせて、心を開いてもらうところから始めると、ス
ムーズに商品やサービスをおすすめすることができます。

自分と似ている人に安心感を持つ

　人はどんな人と話していると気持ちがいいと感じるのでしょうか。自分が自然
体で話せる相手を思い浮かべてみましょう。もし「ざっくばらんな人」、「明るく元
気な人」、「やさしい人」……というイメージが出てきたとしたら、おそらくあなた
自身にもそういうところがあるはず。つまり人は自分と似ている人に好意を抱き、
心を開く傾向があるのです。

　そこでプロのコーチやカウンセラーは、クライアントが安心していつもの自分
らしく話せるように、相手と姿勢や動作などを合わせる"ミラーリング"や相手の話
し方とペースを合わせる"ペーシング"を用いて、自分から相手のコミュニケーショ
ンスタイルに合わせます。これは営業や接客業にもそのまま応用できるテクニッ
クです。フラワーショップにタイプの違う2人の女性が顧客として来た例を挙げて
みましょう。

　店員：いらっしゃいませ
　女性A：どうも、こんにちは！ハーブの苗ってあるかしら？（元気に笑顔で）
　店員：ハーブの苗ですね、こちらにいくつかございます！（元気に笑顔で）
　女性A：実はねぇ、この前買った苗、枯らしちゃったのよね。かわいそうなこと
　　　　　しちゃったぁ（イタズラっぽく）
　店員：あら、枯らしちゃったんですね〜。今度は可愛がってあげてくださいよぉ
　　　　　（イタズラっぽく）

　店員：いらっしゃいませ
　女性B：ごめんください。ハーブの苗ってあるかしら？（上品に穏やかに）

店員：ハーブの苗ですね、こちらにいくつかございます。（上品に穏やかに）
女性B：実はこの前いただいた苗、枯らしちゃったんです。（さびしそうに）
店員：あら、枯らしちゃったんですか。残念でしたね。（ねぎらうように）

　このようにお客さんと話し方や雰囲気を合わせることで、安心感や親近感を感じてもらうことができます。相手のエネルギーレベルや会話のスピード、テンション、表情、好ましい距離感など、相手のコミュニケーションスタイルを読み取って関わるのがポイントです。
　上記の女性Aの場合は人懐っこく店員さんと友達のようなコミュニケーションを取りたいタイプだと判断したため、店員はカジュアルでノリのいい会話をしています。反対に女性Bの場合は上品でちょっぴり繊細、そして人と少し距離を保ちたい人だと判断したため、女性Aの場合とは違った対応をしたのです。

相手をリラックスさせる

　お客さんに心を開いてもらって、滞留時間を長くするポイントは"相手がいつもの自分らしく話せる環境づくり"です。人は相手の中に自分との共通点を見つけると親近感が湧くもの。相手の声の大きさ、高低、話すスピード、言葉遣い、表情などを合わせるだけで、お客さんは安心します。自分とタイプの違うお客さんと接する時には、いつものコミュニケーションスタイルをちょっと横におき、相手と同じスタイルで関わってみましょう。

相手に合わせる

6-5 相手に貢献する

プロのコーチは「クライアントの人生に貢献したい」という熱い想いを持って仕事をしています。クライアントはコーチのそんな想いに触れるからこそサービスを受けたいと思うのです。ビジネスの基本であるお客さんとの望ましい関係性について考えてみましょう。

対等な関係

　営業でノルマを課せられると「売らねばならない」「買って欲しい」という気持ちが先行してしまうことがあるでしょう。けれどもそもそもビジネスとは何でしょうか。必要なもの、欲しいものを手に入れる代わりに対価を支払うという"価値と価値の交換"です。日本人のホスピタリティは素晴らしく、飲食店などでのうやうやしいおもてなしに慣れてしまっているので、つい"お金を支払う方が立場が上"であるかのように錯覚する人も多いようです。しかしあくまでもお客さんとサービス提供者は対等な関係。販売者がへりくだる必要はありません。

セールスとは貢献である

　たとえば食品宅配サービスの配達スタッフAさんを例に挙げましょう。いつもは配達担当のAさんですが、キャンペーンの時にはお客さんに商品をすすめるよう指示を受けることがあります。そんな時次のようなトークではいかがでしょうか…「今ご紹介キャンペーンをやっておりまして、ご紹介いただいた方に無料でサンプルセットをお届けしています。どなたか紹介していただけませんでしょうか」…これではお客さん側の心がまったく動かない、ひとりよがりなセールストークです。ではどんな風に伝えると良いのでしょうか。

> **Aさん**：うちの商品を召し上がっておられていかがですか？
>
> **お客さん**：やっぱり安全な商品を食べている、と思うからかも知れないけど、身体の調子もいいわ。
>
> **Aさん**：お役に立てているようでうれしいです。私もこの会社に入ってから自社製品を購入するようになりましたが、○○さんと同様で調子がいいと感

じています。実は今サンプル無料お届けキャンペーンを実施中です。○○さんの大切なお友達のお役に立てればと思いますので、ぜひうちの商品をご紹介いただけませんでしょうか。

　まずは質問をして、商品を利用することで実感しているメリットを口に出してもらい、その上でキャンペーンのことを伝えます。その際に「あなたとあなたにつながる誰かに貢献したい」という気持ちをしっかり伝えています。
　「買って欲しい」という自己利益ではなく、「貢献したい」という想いをしっかり伝えることができてこそ、お客さんの心を動かすことができます。そしてお客さんが持っている貢献意欲をも刺激することで、紹介が生まれるのです。

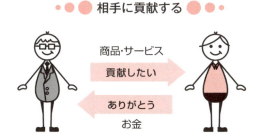

6-6 否定しないで、認める

相手の使っている商品やサービスを否定し、不安をあおって自社製品を売り込んでも、相手はなかなか受け入れてくれません。ところが100％相手の選択した商品やサービスを認めることで、警戒している相手の心のバリアを自然に解くことができるのです。

 人はバランスを取ろうとする

　人から認められたりほめられたりした時に、「いや、それほどでも」「まだまだですよ」などと、謙遜する人が多いようです。ところが反対に、人からけなされたり否定されたりすると、反撃したり弁解したりするもの。どうも私たちの心には、バランスを取ろうとする働きがあるようです。

　この、バランスを取ろうとする働きを活かした、セールストークの事例を挙げてみましょう。生命保険のセールスパーソンTさんと、特にニーズを感じていないBさんの会話です。

　　Tさん：一応保険屋なので、話だけでも聞いてもらえませんか？
　　Bさん：今は特に入る気はないですが、それでもよければお伺いしますよ。
　　Tさん：ありがとうございます…中略…ところでBさんは確か今、○○生命さんの保険に入ってらっしゃるんでしたよね。
　　Bさん：（ほうら来た！絶対買わないからな）そうなんです。しかも生命保険と養老年金の両方に入ってるんです。（でもきっと問題点を指摘するんだろうなぁ）
　　Tさん：じゃあ、もうバッチリですね。
　　Bさん：（あれ？想定外のリアクションだ！）えっ？うーん…でも、もし入院しちゃったら、日々の保障が手薄だからちょっと気になってるんですよね。
　　Tさん：なるほど。自営業でいらっしゃるから、何かあった時のために安心できる保障額があるといいですもんね。

　この例では特に保険に加入する気のないBさんが、自分から現状の課題をポロッ

と口にしています。ところがもし仮にTさんがBさんの加入している保険の問題点を指摘したらいかがでしょうか？きっとBさんの心のシャッターがガラガラと降りてしまって「いや、別に今の保障内容で十分です」という風に言うかもしれません。

見込み客のバリアを解除する

「バッチリですね」というこの決めゼリフは「その保障では足りませんよ」と言われることを予測している見込み客の裏をかいているのです。加入している保険を100%肯定してしまうことで、売り込まれまいと身構えている見込み客のバリアを見事に解除しています。

コーチングでも、相手を完全な存在だと認めて信じるところから、まずスタートします。家庭や学校や会社など、あちらこちらで欠点を指摘されたり個性を否定される社会で生きてきて、100%完全な存在であると認められることは、非常に大きなインパクトがあるもの。セールスの現場でもこれを応用することで、顧客の信頼をスムーズに得ることができるのです。

●●● 否定しないで、認める ●●●

今のままで充分なんですね!
それじゃぁ、人生バッチリですね。

いやぁ、そう言われると…

問題点を指摘されるのではなく、
全面的に今の状態を認められることで、
思わず心を開いてしまうのです。

6-7 言い訳に反応しない

セールストークを聞いている時点で、相手は商品やサービスにいくらかの興味を持っているといえます。"お金がない"というのは単なる断りの口実であり、対価を支払っても買いたいという魅力がまだ十分に感じられていないだけなのです。

魅力ある未来

　クロージングの際に浮上する、見込み客の"お金"の問題を突破するには、どうすれば良いのでしょうか。プロコーチは"**お試しセッション**"といって、短時間のコーチング体験を提供することがあります。体験後にサービスの説明をして申し込んでもらう機会を設けているのですが、そのクロージングの際のやり取りを例に挙げてみましょう。

コーチ：コーチングを体験されて、いかがでしたか？

クライアント：すごく良かったです。

コーチ：そうおっしゃっていただいて、うれしいです。私もあなたのお話を伺ってとても感激しました。ぜひ○○さんのサポートをさせていただけませんか？（サービスの案内をする）

クライアント：すごく受けたいんですけど、今お金がなくて……

コーチ：もちろんお金をためてから受けることも、今受けるのも、○○さんのご自由です。だけどもしお金をためて1年後に受けるとしたら、今から1年の間、起業するために何をすればいいのか、理想の結婚相手と出会うためにどうすればいいのか分からず、これまでにように堂々めぐりを繰り返すでしょう。でも、もし今からコーチングを受ければ、出産適齢期を逃さずに、理想の結婚相手を見つけることもできて、ライバルが少ないうちに起業の準備ができますが、そう考えるとどうですか？

クライアント：確かに……タイムリミットが迫ってますよね。じゃあやってみます！

このように「このチャンスを逃すと大きな損をする」ということを実感してもらうことで、お金の言い訳を突破することができるのです。

本当の理由はお金ではない

　人は本当に今の自分にとって必要だと思えること、大好きでたまらないことには思い切ってお金を使うものです。たとえばランチは100円ハンバーガーで済ませていても、鉄道模型には何十万というお金を惜しまない人もいるでしょうし、洋服は1年に2, 3着買う程度なのに、毎年必ず新車を買うと言う人もいるでしょう。

　お金を理由に断る人は、対価を支払って手に入れたいというところまで、まだモチベーションが上がっていないだけなのです。

　コーチングでは、クライアントが何か物事に取り組む時に、"できない理由"ではなく、"実現した未来"に焦点をあてます。そしてそこから逆算して"取り組むためには何が必要か"を考えてもらいます。営業の場面でも同様で、"買えない理由"ではなく、"買った時のメリット"にフォーカスすることがポイント。確かなメリットが感じられたら、お客さんの納得感もモチベーションも高まるのです。

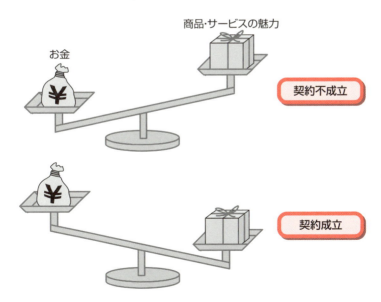

お客さんの気持ち

Column 5 「解決できる問題しか現れない」の真実とは？

　あなたはこれまでにどんな問題を乗り越えてきたでしょうか？対人恐怖になったり、家族の問題が降りかかったり、自分に向いている仕事がわからなくて行き詰ったり、突然クビになって収入が途絶えたり、別れ話を切り出したら相手の男性が包丁を持ち出してきたり…と、私のところにもいろんな問題がやってきましたが、振り返ってみると、何とか解決して乗り越えてきているものです。

　「解決できる問題しか現れない」という言葉をよく聴きます。自分がそうやって乗り越えてきているので、そういわれてみると「まぁ、そうかもなぁ…」と思っていたのですが、先日「なるほど！」と納得できる考え方に出会いました。

　「仕事の教科書〜絶対にミスをしない人のSPEED仕事術〜」（学研マーケティング）の中でGMOインターネットの代表である熊谷正寿さんが次のように話していたのです。

　"その問題を＜自分の選択の結果＞と捉える人は「私に解決できない問題は決して起こらない」と前向きに考え、解決のために努力できる"

　自然災害など自分の選択とはほぼ無関係なものもありますが、確かに人間関係や仕事上の問題などは自分の言動の積み重ねによって引き起こされている場合が多いものです。

　「どうも周りから大切にされていない。不当なギャラでこき使われている」と思うなら、ちゃんと評価されるよう自己アピールをしてこなかったり正当なギャラを要求してこなかった結果かもしれないし「いつも人が離れて行ってしまう」と感じるなら友達や恋人に対して過剰に依存してしまい息苦しい思いをさせているせいかもしれません。

　また熊谷さんは「私たちの周辺に起こる問題は、すべて解決のために少しだけ努力が必要なことばかり。その問題に対して＜運命＞とあきらめてしまう人は、それ以上前進できなくなる」とも言います。私もまったく同感。

　「これまで自分はどんな選択をしてきたのだろう？」と振り返り「これからどうしていけば望ましい未来を手に入れることができるのか？」と考えることが目の前の壁を乗り越えてより変化成長し、さらにしあわせな未来を手に入れるためのカギなのです。

Column 6 あなたのミッションは？

　私は大学卒業後、大阪のデザイン会社でコピーライターとして働いていました。読書好きだったわけでも、文章を書くのが特別好きだったわけでもなく、単純に“クリエイターってカッコイイな”というミーハーな気持ちで入ったというのが正直なところです。

　ですから、年月がたつにつれて「この仕事をやることに何の意味があるのか？」と悩むようになりました。社会に出て7、8年。大学時代の友人たちはヘッドハンティングされて東京へ行ったり、仕事で活躍して雑誌に大きく取り上げられるなど、着々と自己実現し始めていて、私はとてもあせりを感じていました。そんな状態ですから仕事に対するモチベーションも上がることなく、プライベートな悩みとの相乗効果で対人恐怖症になったこともありました。

　けれども今ではそれも大切な経験だったと思っています。なぜモチベーションが上がらなかったのかというと、文章を書くという行為はあくまでも手段であり、目的ではなかったから。「言葉」は何かを伝えるためのツールにしか過ぎません。当時の私にはその「何か」が欠けていたのです。

　デザイン会社では、忙しくて家に帰ることもままならず「一体何のために働いているんだろう！？」と心の中で叫びながら、会社に泊まり込んで働いていた時期がありました。しかし「しあわせな人間関係づくりのための方法を多くの人たちに伝えたい」というミッションが明確になった今、コピーライターの仕事で身に着けた書く力が“ツール”として役に立っています。

　世の中には、英会話を学んだり、MBAを取得したり、宅建の試験を受けたりと、精力的に資格を取ったり学んだりしている人がたくさんいます。もちろん学ぶのは良いことですが、ただ闇雲に学ぶのではなく「そのツールを使ってどうしたいのか」を考えて欲しいのです。その時に役立つのがまさにコーチング。セッションを受けて自分をしっかり見つめることで、あなた自身がこの人生で何を成し遂げたいのか…本当のミッションを見つけることができるでしょう。

第7章

教育現場・子育て向け活用術

幼い頃から大人に大切にされ、可能性や強みに焦点をあてて育てられた子は、自分の資質を活かしてのびのびと生きていくことができます。この章では、コーチングの考え方やスキルを活用した、具体的なコミュニケーションの方法をご紹介します。

子どもたちが安心して、自信を持って生きていくには？

「自分は愛される存在なんだ」「自分にはいろんなことができる力があるんだ」「生きているって素晴らしい！」そんな風に思える子どもに育てることが、大人の大事な役割です。

自己肯定感と自己効力感を育む3本柱

❶存在を認める

おはよー！
Aくん、黄色いシャツ似あってるねー！
Bくん今日もいい笑顔だねー！
Cちゃん、今日もいいあいさつだね！

先生

「あなたがいてくれてうれしい」「ちゃんと見てるよ」というメッセージをこまめに伝えましょう。

❷自分の力に気づかせる

あら!あなたは何つくりたいの？

いいじゃない♪

母親

おかあさ〜ん！自由課題、何つくったらいいかなぁ…

うーん…あのガラスをプーッと吹いてふくらませるヤツ、やってみたい！

大人が手出しをするのは、本当に困った時だけ。基本は子どもの自主性を尊重して「やれる！」「できる！」を育てましょう。

❸主体性を持たせる

いやぁ暑いなぁ！誰が一番涼しく過ごす工夫ができるか競争だ！

ギラギラ〜

父親

ヨシキタ！

お前らサイコー！

どんな環境や状況でも、工夫次第でうまくやっていけたり楽しくなったりするんだということを体験させましょう。

| 存在価値 | ＋ | 能力と可能性 | ＋ | 主体性 | ＝ | 自立した、社会貢献できる大人 |

7-1 コミュニケーションのお手本を見せる

子供たちは両親や先生など身近な大人たちから多くのことを学びます。人とのコミュニケーションも、知らず知らずのうちに大人たちを見てお手本にするものです。私たち大人は自らの価値観やモノの見方、人との付き合い方を、今一度振り返ってみる必要があるでしょう。

お手本は身近な大人

子供は誰のコミュニケーションスタイルをお手本にしているのでしょうか？ 三つ子の魂百までと言われるように、幼い頃からの両親とのコミュニケーションや、両親と他の人たちとのやり取りがその子のマニュアルになっていくのです。

親が何かにつけて「あれダメ、これダメ」と言うタイプであれば、友達に対しても同じようにダメ出しをする子になるでしょう。また反対に「エライね」「よくできたね」と常に承認してくれる親であれば、友達にも同じような働きかけをする子になるでしょう。

子供がまわりの人たちといい人間関係を作っていくためには、身近な大人がコーチングマインドに基づいたコミュニケーションを心がけると大変効果的。大人たちが次の原則にのっとって、常に自分やまわりの人たちと関わる様子を見ていれば、子供たちは無闇に人と争ったり相手を否定したりするのではなく、他人を認め、お互いを活かし合うことのできる子供に育ちます。

そして大切なのは、他人との比較でその子の価値をはかる"相対評価"ではなく、ひとりひとりの子供の持つ長所や個性を認めて100％受け入れてあげることです。

コーチング的コミュニケーションの3原則

①その子が持っている素晴らしい可能性を信じる

「お前はダメだ。バカだ。能力がない」というような可能性を打ち消す言葉は、子供の未来や周囲の人とのコミュニケーションに重大な悪影響を及ぼします。子供には「○○には無限の可能性があるんだよ」と期待をこめて語りかけるようにしましょう。

世界に名だたる自己啓発プログラムの開発者である**ナポレオン・ヒル博士**は、

子供の頃周囲の人たちに"不良少年"のレッテルを貼られていました。そんな彼が変わったきっかけは、「この子は決して悪ガキなんかじゃないわ。とても利発でかしこい子よ」という、継母のひとこと。ヒル少年はそれ以来、悪びれるのをやめて自分の可能性を見出す生き方をするようになったそうです。継母という可能性を信じてくれる大人がいたからこそ、彼は成功への道を歩むことができたといえるでしょう。

②オープンマインドで誠意と愛情を持って関わる
　純粋な子供たちは大人たちの言葉やコミュニケーションパターンを、自分のマニュアルに採り入れる可能性があります。大人は自分の持っている先入観を捨てて、オープンマインドで人と関わるようにしたいもの。国籍・年齢・性別・学歴・地位・能力などで人を区別せず、すべての人に誠意と愛情を持って関わりましょう。

③人の強みや魅力を承認する
　日常会話の中で、子供たちを含めたすべての人の強みや魅力を認める発言を心がけたいものです。もちろん愛情を持って叱るのは大切なことですが、人の欠点ばかりあげつらったり、無闇に批判ばかりするのは良くありません。

お手本を見せる

7-2 家庭環境がガラリと変わる

"相手を完全な存在として受け入れ、可能性を信じる"というコーチングのスタンスを身につけると、ビジネスなど対外的な人間関係だけでなく、家族などプライベートな人間関係も大きく変化します。

姿勢が変わる

コーチングでは、会話のテクニックを学ぶ以前に、どういう姿勢で相手と向き合うか、ということが重要視されます。ですからコーチングを学ぶことで、ビジネス上の人間関係のみならず、家族をはじめ、あらゆる人とのコミュニケーションに変化が起きてくるのです。

家族は私たちにとって一番身近な存在です。かけがえのない存在であると同時に、その行動や発言は、いい意味でも悪い意味でも大きく自分に影響を及ぼします。つまり家族というものはどんな他人よりも確執やわだかまりが生じやすく、どうしても長所より短所が目につきやすいわけです。

ところが美点凝視で人の可能性に焦点をあてるコーチングは、そんな日頃の関わりを根底から大きく覆すパワーを持っています。両親が離婚した、兄弟が非行に走って大変だったなど、大なり小なり家庭にはそれぞれの事情や問題があるでしょう。けれども「過去と他人は変えられない。自分と未来は変えることができる」という言葉通り、過去に起きた出来事を悔やんでも、自分以外の誰かを責めても何も変わりはしません。

自分にとって理想の家庭、理想の人生をつくるにはどうしたらいいか、ということを主体的に考え、その理想の現実化に向けて、まずは自分が取り組める小さなことから少しずつ始めればいいのです。自分が変わることで、必ずまわりに変化が起こります。

たとえば日頃妻や夫をあまりねぎらっていないなら、朝晩必ず「ありがとう」と言う。子供に対して怒鳴ってばかりいるなら、外から帰ってきた時にしっかり目を見て「お帰りなさい」と温かく迎える…そういったことを実践してみてください。コミュニケーションの変化は、必ず関係性の変化につながります。

174

視点が変わる

"リフレーミング"という視点を変えるスキルを用いると、家族に対する見方をガラリと変えることができます。息子のことを「勉強もロクにしないで遊んでばかりいる子」ととらえていたお母さんが「活発で友達を大切にする子」というとらえ方に変えたら何が起きるでしょうか？

私たちは批判されると相手に対して反発心を抱きますが、肯定されると相手に信頼を寄せ、心を開きます。もしお母さんが息子に「遊んでばかりいないで勉強してほしい」と思っているのであれば、あえて「活発で友達を大切にする子」と認めることで息子は心を開くでしょう。すると不思議なことに「まぁ活発なのはいいけど、遊びはほどほどにして勉強もしなくちゃな」と自発的に考え、結果的にお母さんの望む姿に近づいてくれる可能性が高まるのです。相手を完全な人として尊重し受け入れることで、関係は徐々に確実に変わってくるのです。

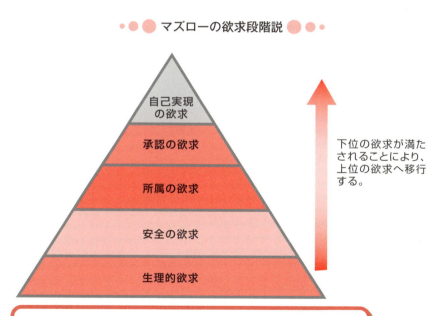

マズローの欲求段階説

下位の欲求が満たされることにより、上位の欲求へ移行する。

人から認められたいという「自尊の欲求」が満たされてはじめて、自分の資質を活かして自己を向上させたいという欲求が生まれる。

7-3 モンスターペアレントへの対処法

"モンスターペアレント"という言葉が登場して久しいですが、言葉が一人歩きして、先生や学校側が過剰に身構えている部分も否めません。クレームを持ち込んだ相手を落ち着かせて事態を丸くおさめるためには、まず相手の気持ちを受け止めようという受容の姿勢が大切です。

レッテルを貼らない

先生など学校関係者がまず意識すべきことは、不平不満を訴える保護者のことを"モンスターペアレント"だと決めつけてしまわないことです。

保護者が理不尽な要求をする背景には、子育てのストレスやママ友間の問題といった周辺要因が影響している可能性があります。つまりいろいろなストレスが発散されずに蓄積されて臨界点に達し、ある出来事がきっかけとなって爆発したのかもしれないということが考えられます。だからまずは話を聴いて想いを吐き出してもらうことが大切なのです。

相手の要求やクレームを、自分への攻撃ととらえるのではなく、あくまでも"彼らの気持ちの表現"だととらえて客観的に話を聴きましょう。

またその際は、自分の態度や話し方が相手にどんな印象を与えているかを把握しておくことも大切です。なぜなら不用意に下手(したて)に出て、相手を増長させてしまったり、高圧的に出てしまって怒りを買う可能性があるからです。

もしも相手から理不尽な要求を突き付けられた場合でも「できません」の一点張りではなく「ご一緒にできることを探しましょう」というスタンスで臨むのがベター。万が一相手の怒りがエスカレートするようであれば、お茶を入れに行くなど、対応する側がいったん席を外すことで、相手をクールダウンさせると良いでしょう。

「コミュニケーションを取りたくない」という拒絶の意識を手放すには、相手と対面して感じる、恐れや嫌悪感といった感情を受け入れること。「あぁ、自分は今こわいんだなぁ」と思うことで少なからず落ち着いた気持ちで対応できるようになります。

想いを吐き出して受け止めてもらうと、かなりの満足感が得られるもの。自分が話している言葉を自分で聞いて反すうすることで、頭の整理が進み、自分の問

題点に気付いたり解決策を見出していくことができます。クレームを受ける側が保護者の要求に対してどう対処するか、というのはその先のこと。まずは受け止めてあげることが、相手の高ぶった気持ちを落ち着かせるために効果的なのです。

自浄作用を促す

前述のような自浄作用がまさにコーチングの特長のひとつ。私たちは自分の頭の中に渦巻いているさまざまな想いを、"相手に話す"という行為を通じて整理することができるのです。

もしもつじつまが合わないことや理屈が通っていないことを考えていたとすれば、話をしながら「まぁ、そうは言ってもうちの子の実力が足りないんだから仕方ないわよね」とか「先生も悪気があってやったわけじゃないから…」と自分で考え方を修正しようとするものです。

相手がそんな境地に至るには、聴き手が「とにかく早く話を終わらせよう」という態度ではなく、「すべて受け止めてあげよう」というコーチのような受容の姿勢で向き合うと良いのです。

クレームの背景

- 毎週練習場まで送り迎えして大変
- 主人が子育てに参加してくれない
- 子供は反抗期まっただ中
- お隣の落ち葉がうちの庭にいっぱい
- 何でいつもウチの子だけ補欠なの!!

不満や不安を解消できるコミュニケーションの場が不足している。

7-4 どうすればできるか?

問題の原因を探すより、解決の方法を探すというコーチングの原則は、上司・部下の関わりだけでなく、子供との関わりにも同様に効果を発揮します。そして大切なのは、それを子供に自分自身で考えさせるということです。

できなかった理由は追求しない

子供が何かに失敗したり、やると言ったことをやらなかった時、どんなコミュニケーションを取ると良いのでしょうか。コーチング的な見地から見て好ましくないのが「どうして○○できなかったの?」というアプローチです。

もちろんできなかった原因を見つけて改善につなげることは大切ですが、「どうして○○～?」という問いかけは、責めているような印象を与えてしまい、改善につながりにくいもの。

そう言われた子供は、できなかった自分を責めたり、相手に対して反発したくなり、できなかった本当の理由ではなく言い訳を言いたくなることでしょう。そこで子供が自発的に改善できるようになる会話例をあげてみましょう。

先生:A君、10分遅れたね。今どう思ってる?
A君:遅れてごめんなさい。明日は時間通りに来たいと思います。
先生:どうすれば時間通りに来れると思う?
A君:夜ふかししないでもっと早く寝ればいいと思います。

「どうすれば○○できると思う?」という質問は、未来に向けた質問であり、「どうして○○～?」のように相手を責めるニュアンスが感じられません。相手の問題点ではなく、リソースや可能性に焦点をあてているところも大きなポイントです。

原因を追求してから解決策をたずねても改善策は出てきますが、最初から解決策をたずねれば、子供は「何で遅刻したのかな?」と考え「朝寝坊したから、夜早く寝ればいいんだ」と解決策を考えることができるのです。

自分の言葉にはインパクトがある

「言葉は発したその人自身の思考回路に大きな影響をもたらす」と言う意味の"オートクライン*"というコーチング用語があります。私たちは言葉を発すると同時に、それを自分で聞いています。ですから前述の例のように「夜ふかししないで早く寝るといいと思います」と言わせることで、「言っちゃったなぁ。11時ぐらいに寝なくちゃなぁ」と心の中で考えるはず。ところがもし「朝遅刻しないように、夜は早く寝ましょうね」と先生や親から言われたらどうでしょう？強制されることで「分かったよ〜。でもあのゲームやってると面白くてやめられないんだよね」と反発心が生まれかねません。つまり"本人に言わせる"ことを習慣化することで、子供の自発性を養うことができるのです。

自発性を養う関わり

＊オートクライン　元々は内分泌に関する医学用語。細胞から分泌された物質がその細胞自体に作用することをいう。

7-5 一緒に学びの場をつくる

五感でキャッチした情報を元に自分の頭で考えたことは、一方的に与えられただけの情報と違って、しっかり子供たちの記憶に残ります。より深い学びを提供するために何が必要なのか考えてみましょう。

考える機会を提供する

2015年度の文部科学省による質問紙調査では「理科の勉強が好き」と答えた小学校6年生は83.5%、中学3年生では61.9%と、20%以上も差があることが分かりました。小学校のカリキュラムは自然観察や実験などの体験学習が中心ですが、中学校に入ると理論的な授業が増え、理解することが難しくなるからです。

そもそも理科の授業ではなぜ実験が行われるのでしょうか? それは理論を裏付ける現象を観察し、それに基づいて考察するというプロセスがあるため、納得感が得られるからです。

"自分で考えて実践し、その結果を見て言葉にする"というプロセスは、まさにコーチングと同じ。たとえば子供たちが本を読んだり映画を観たりした後には、自分が何を感じたかディスカッションさせると良いのです。感想がなかなか出ないようであれば、「主人公の行動についてどう思った?」「あなたなら、あの場面でどんな行動をとった?」と問いかけてみましょう。ただ情報を受け取るだけでなく意見交換をさせることで、考える習慣を身に着けることができるのです。

アウトプットさせる

人は自分の口から出た言葉に影響を受け、さらに洞察を深めます。だから生徒たちが物事を見聞きして気付いたことを自分の言葉で話したり書いたりしてもらうことが、大きな教育効果をもたらすのです。

企業研修や公開セミナーなどで、参加者同士がロールプレイングを行ったり、感想を分かち合ったりする参加型のものが年々増えてきています。こういった参加型の研修やセミナーでは、参加者ひとり一人が自分の思ったことを率直に発言することで、学びがより一層深まります。

発言者は、自分の考えを整理して話そうとする過程で自分の頭の中を整理することができます。そして他の受講者は、新たな考え方や視点を知り、視野を広げることができます。また参加型にすることで、理科の実験のように、その場で講師から聴いた理論やテクニックを実際に試すことができると言うメリットもあります。

教育の現場でも、そのような双方向の授業が年々増えているようです。これによって「一緒に授業を作り上げているんだ」という自覚が芽生え、生徒たちの当事者意識がさらに強まります。先生方はファシリテーション*の技術などを身につけておくと、スムーズで効果的な参加型授業を実践できるようになるでしょう。

学びをサポートする

---

*ファシリテーション 会議などの場で、発言を促したり、話の流れを整理したり、合意形成や相互理解をサポートする技術。

7-6 子供を信じる

子供たちの潜在能力がどのくらい引き出されるか。それは大人の期待度によって大きく影響されます。子供たちが最大の能力を発揮するために、大人はどんなことを意識して関わると良いのでしょうか。

● ピグマリオン効果

　コーチはどんな時も常にクライアントを信じて関わり続けます。クライアントはそんなコーチの力強いサポートの下で、自分の力で考え、決断し、自分の望む人生を手に入れるために前進し続けます。心理学用語に"生徒が先生の期待に応えて能力を発揮すること"を意味するピグマリオン効果＊という言葉がありますが、まさにその効果が得られるのがコーチングなのです。

　クライアントはパワフルに実力を発揮できる時もあれば、挫折感に見舞われて無力になることもあります。しかしどんな時でもコーチはクライアントが前を向いて行動し、成果を出すことを信じてサポートし続けます。だからこそクライアントはコーチングを受けることで、継続的に成果を生み出すことができるのです。

　常に子供たちと接している保護者や教師が、どんな時も子供を信じて期待していたら、子供たちに一体何が起こるでしょうか？子供への期待をこめた会話例をみてみましょう。

> **母親**：お母さん、あなたの弾く「エリーゼのために」がすごく好きなんだけど、最近聴けなくてさびしいな。
>
> **子供**：だって最近レッスンが楽しくないんだもん。練習する気がなくなってきたよ。
>
> **母親**：楽しかった時と何が違うの？
>
> **子供**：引っ越して先生変わったでしょ？ ガマンしてたけどあの先生好きじゃないんだ。
>
> **母親**：じゃあ、どんな先生がいいの？

＊ピグマリオン効果 教育心理学における心理的行動のひとつで、教師の期待によって学習者の成績が向上すること。

子供：前の先生みたいにレッスンに行くのが楽しくなるような、明るい先生がいいな。
母親：あなたは才能があるから、ピアノ続けてほしいと思ってるんだけど、前の先生のところはちょっと遠いわね…あなたはどうしたい？
子供：やっぱりボクって才能あるよね！この近くで別の先生を探すか、遠くてもいいから、前の先生にまた教えてもらいたいな。

最近練習をしない子供を叱ったり、練習を無理強いさせたりするのではなく、まずは期待していることを伝え、子供の本心を引き出しています。

自分を信じる

これまでに出会った人の中で"一緒にいると自分の能力が引き出される"と感じた人を思い出してみてください。"自信"という言葉は"自分"を"信じる"と書きます。人に夢を与え、人の能力を引き出す人たちは、自分自身を信じています。良いリーダーシップを発揮するには、安定した自己肯定感が必要なのです。

子供を信じるためには、教師や親がまず自分を信じることが大切です。自信に満ちあふれた大人から、ほめられたり、励まされたり、期待されたりすることで、子供たちも心から自信を持つことができるのです。

●●● 子供を信じる ●●●

子供たちが最大の能力を発揮するために、どんな時も信じて期待していることを伝えましょう。

7-7 自律意識を持たせる

子供をひとりの人間として自立させるためには、身近な大人が主体的に生きている姿を見せることが大切です。子供をひとりの立派な人間として扱い、自分のことには自分で対処できるようにすることが、親の大切な役割のひとつです。

人生に主体的にかかわる

コーチは、クライアントがどのような状況に置かれていても、クライアント自身が自分の人生をより良いものにし、望む状態を手に入れられるようにサポートします。たとえ自発的にコーチングを受けている主体性の強いクライアントでも、時には不平不満を口にすることがあるでしょう。そんな時コーチはそれを受け止めはしますが、クライアントをそのまま被害者の立場に甘んじさせることはしません。必ずその先の未来へ向かって何ができるかを問いかけます。

経済情勢が悪化し時代が閉塞的になると、大人たちは口ぐせのように自分たちが置かれている環境を嘆きます。そして仕事や人生がうまくいっていないことを、社会や他人のせいにしようとします。

子供たちの前で、そういった後ろ向きの発言をするのはよくありません。「過去と他人を変えることはできないけれど、未来と自分は変えることができる」という言葉がありますが、大人は"問題"ではなく"解決"を語り、自分を正当化するのではなく自ら変化して望ましい未来を手に入れる、という姿勢を常に見せることが大切です。

セルフ・コントロールができる"自律心"と自分の足で立つ"自立心"をいち早く子供たちに身につけてもらうことが、本人のためであり、またより良い社会づくりにつながります。

私たちの人生は、関わる人たちや経験する出来事によって大きく左右されるもの。しかし"解決"を見つめ、自分から変化していくという姿勢を身につけておけば、何か"問題"が起きたとしても、ただ環境の被害者に甘んじるのではなく、主体的に人生を切り開いていける大人に育つのです。

大人は見守る

　子供たちが自分の問題と向き合って解決しようとしている時、大切なのは、大人が代わりに解決してしまわないこと。もちろん命に関わるような一大事であれば話は別ですが、友だちとのケンカや将来の進路など、人生で起きる悩みや課題に対して、どうしたらいいのかと自分で考える習慣、自分で解決する力を身に付けさせるようにしましょう。大人は温かく見守り、どうしても必要な時にだけ手を差し伸べればいいのです。

身近な大人が主体的に生きる

7-8 長所を伸ばす

企業でも人でも、すでに持っている長所を伸ばすことが、より成果を上げるために有効な手段です。子供たちの長所に気付いたり引き出したりするにはどうすれば良いのでしょうか。そのポイントを考えてみましょう。

長所伸展法

　コーチングでは、弱点を見つけて補うのではなく、クライアントの持っている強みやリソースを引き出し、いかにそれらを活かすかというところに焦点をあてます。ビジネスであれ、勉強であれ成果を上げるためには弱点を補うよりも長所を伸ばす方がはるかに合理的なのです。

　しかもコーチング的視点で子供たちに関われば、本人が弱点だと思っていることすら強みとして活用することができるのです。

> 先生：あなたの粘り強さってすごいと思うんだけど、自分ではどんな強みを持っていると思う？
>
> 生徒：たしかに粘り強いし、コツコツとやるところも強みかも知れないけど、あんまり勇気がないところは何とかしたいです。
>
> 先生：勇気がないってポジティブに言い換えたらどうなると思う？
>
> 生徒：「慎重」かな？
>
> 先生：「慎重」かぁ。いい表現だね。その「慎重」さを今度の受験に活かせるとしたら、どう活かす？
>
> 生徒：楽観的になり過ぎないで、できることを最大限やっておこうと思います。

　この例では、まず先生が生徒の"粘り強さ"を承認しています。そして生徒は自分の強みを自らアウトプットしています。その後生徒から"弱点"が出てきますが先生が視点を変えて、長所として活かす方法を考えてもらっています。

観察する

コーチングでも教育でもいかに人を"観察"するかが大切です。コーチングセッションの時、コーチはクライアントの時々刻々と変わる表情やエネルギーレベルをつぶさに観察しています。そして「楽しそうだね」「今表情が曇ったけど何が起きたの？」とクライアントから伝わってくる情報をどんどんフィードバックしているのです。

また日頃クライアントの話を聴きながら、何を大切にして生きているのか、仕事を通じて何を成し遂げたいのか、どんな意識を持って人と接しているのか……といった、その人の人柄や生き方もしっかり把握するようにしています。

教育の現場でも同じこと。教師が子供たちを温かく観察し、ひとり一人に興味関心を持つことが大切です。子供たちの長所を見出して日々フィードバックを行い、その長所を本人に意識させて積極的に活用させましょう。すると子供たちは学校生活をいきいきと楽しみ、より積極的に学ぼうという気持ちになるのです。

●●● 長所を伸ばす ●●●

キミはよく気がつくね。

自分の長所って何だと思う？

工作が得意なところかな？

そうだね！もっといろいろ作ってみたら？

学校に来るのが楽しいな！

先生　　　　　生徒

子供たちの長所を見出して、マメに声をかけましょう。

7-9 効果的な叱り方

子供はほめるだけでなく、きちんと叱る必要があります。なぜなら叱らずに育てられた子供は、メンタル面、行動面で問題を抱えた大人になってしまうからです。なるべくネガティブな影響を与えず、プラスの効果を発揮する叱り方を考えてみましょう。

ほめるのも愛。叱るのも愛。

最近「子供は叱らずに育てる方がいい」という間違った情報が出回っています。もちろん親の欲求不満のはけ口にして感情的に怒りをぶちまけるのは良くありません。しかし子供のためを思って、不適切な行動や考え方を改めさせるために叱るのは、とても大事なこと。

「叱る」は「ほめる」の反対語のように思われていますが、けっしてそうではありません。根っこにあるのは相手に対する愛であり、その表現方法が異なるに過ぎないのです。

子育てにおける本当の愛とは、子供が自立して社会の一員として生きていけるようにすることであり、甘やかすことではありません。

叱らないで育てられると、ガマンすることを学習できず、自制心のない子になってしまいます。わがまま放題で他人に迷惑をかけ、人付き合いも上手くいかなくなるので、成長するにつれて、思い通りにいかないことが増えてきます。すると家庭内暴力にも発展しかねません。

叱り方3原則

子供が自信をなくしたり、反発を感じるだけの叱り方ではなく、親の意図を正しく理解して行動をあらためさせるための3原則があります。

①人格を否定しない

「あなたはダメな子ね」「そんなことも分からないなんて、バカじゃないの？」というような、人格を否定する言葉は使ってはいけません。「あなたがひとりじめしたら、○○ちゃんが遊べないでしょう？○○ちゃんにもオモチャ貸してあげなさ

い」という風に、あくまでもその子の行動の問題点を指摘しましょう。

②過去を蒸し返さない

「あなたはいつも行動が遅いんだから…この前も…」という風に、過去のことまで持ち出して叱るのはNG。子供がうんざりして聴く耳を持たなくなってしまいます。今目の前で起きていることだけにしましょう。

③自分で考えさせる

「どうしたら○○君と仲直りできると思う？」という風に問いかけて、自分の頭で考えさせましょう。親からああしろ、こうしろと言われるよりも、はるかに自主性が育ちます。

7-10 プラスのストロークを与える

人は、まわりの人からどんな言葉をかけられて育つかによって、セルフイメージや人生観に大きな違いが生まれます。またそれによって人との関わり方も大きく変わってきます。子供たちに、どんな言葉をかけると良いのか考えてみましょう。

プラスの言葉で関わる

　コーチングセッションでは、コーチがクライアントに絶えず"**プラスのストローク**"を出し続けます。クライアントが自分の目指す方向に向かって、パワフルに歩んでいくことができるよう、「大きな愛情を感じます」「あなたのリーダーシップが部下のやる気を引き出したのですね」といった具合に、相手を認め、ほめ、力づける言葉を投げかけるのです。

　"ストローク"とは元々テニスやゴルフなどにおける"一打"を表す言葉ですが、心理学理論のひとつである**交流分析***において"人が他者に与える関わり"と言う意味合いで用いられており、＜肯定的なストローク＞と＜否定的なストローク＞に分類されます。

　人は生まれ育った環境から大きな影響を受けますが、両親や先生から投げかけられる言葉も大きな環境要素のひとつです。幼ければ幼いほど、信頼している大人たちの言葉は、潜在意識にしっかりインストールされます。子供のより良い未来を考えるのであれば、子供に投げかける言葉をしっかり吟味しましょう。常に良い言葉を選んでまわりの人たちと接するようにすれば、自ずと子供たちと接する時にもプラスのストロークを投げかけることができるはずです。

　まずは毎日、子供に対しても大人に対しても、"プラスのストローク"をふんだんに用いて関わるようにしましょう。

●プラスのストローク例

「いつも頑張ってるな」

「本当に友達想いだね」

＊交流分析 1950年代に、米国の精神科医エリック・バーン（Eric Berne）によって提唱された心理学理論。人間のコミュニケーションや行動を理解するための理論体系。

「あなたの笑顔を見ると元気になるわ」

●マイナスのストローク例

「やることが遅いんだよ」

「お前ってつまらないヤツだな」

「気がきかないな」

無条件に愛する

　周囲の人たちから愛され、受け入れられて育ってきた子供は、のびのびと自己表現することができます。"私は愛されている"という肯定的なセルフイメージがあるからです。ところが周囲から"お前はダメだ""本当にバカだ"などといったマイナスのストロークを受けて育ってきた子供は、"私は愛されない""私には存在価値がない"と言う否定的なセルフイメージを持ってしまいます。すると他人との関わりの中で、のびのびと自己表現することができず、自ら壁を作ってしまう可能性があります。

　そこで子供たちがまわりの人たちとのびのびと関わり、しあわせな人生を送るために、"無条件の"愛情を注ぎましょう。その子の成績や能力などのいかんにかかわらず「あなたがいてくれて幸せよ」「生まれてきてくれてありがとう」とただ無条件に、存在を認める言葉を投げかけるのです。

●●● プラスのストロークを与える ●●●

第8章 発想力を豊かにするコーチング

コーチングが人の人生に大きな変化をもたらすのは、私たちの思考パターンや行動パターンを変える、さまざまな質問テクニックが散りばめられているから。この章では、新たな視点を手に入れるためのコーチング・テクニックの数々を具体例を交えて紹介します。

結果が出せるだろうか？というプレッシャーや想定外のリスクに対する恐れから前向きに考えられなくなることがあります。

前に進んでいくためのアイデアを出すには？

❶「あるもの」に目を向ける

過去の経験の中から、応用できるリソースを引き出します。

❷モノの見方を変える

物事を見る角度や切り口を変えることで、意欲を引き出します。

❸時代や人を変える

他の誰かになりきることで、思いもよらないアイデアが出ます。

リソースの発見 ＋ 逆転の発想 ＋ 立場を変えて考える ＝ モチベーションUP

8-1 成功体験を振り返る

どんな人にでも、自分の力を出し切って何かを成し遂げた体験が必ずひとつやふたつはあるものです。大きな壁にぶつかったり未経験のことにチャレンジしようとして、無力感や不安感におそわれた時は、過去の成功体験が大きな武器になるでしょう。

100%力を出し切ったら

火事場の馬鹿力と言う言葉があります。いつもは腰が悪くて米袋ひとつ持ったことのない高齢の女性が、火事の時にタンスをかついで炎の中から脱出したという話などは、まさにこの力が働いた例でしょう。

なぜこのような奇跡的なことが起こるのでしょうか？ たとえば先ほどの女性が日頃、「私は足腰が弱い」「重いものを持つと、腰に悪い」と思っていて、決して普段は重いものなど持たなかったとしましょう。ところが火事だと分かった瞬間に彼女の行動を制限している固定観念がすべて取っ払われて、ありったけの力を振り絞ったため、タンスをかついで脱出するという奇跡的な行動ができたわけです。

この例のように、私たちはこれまでの経験や知識からセルフイメージを固定化し、自分の能力に限界を設けています。そして自分の人生に火事のような一大事が起きない限り、その枠内でしか能力を発揮しようとしないのです。そういう意味ではピンチこそチャンス。会社が倒産した、職場をクビになった、などという出来事に遭遇した時は「いよいよ実力を発揮する時が来たぞ」と考えると、気持ちがガラリと変わるかもしれません。

リソースを引き出す

コーチングでは次のように過去の**成功体験**から、問題解決のためのリソースを引き出すことができます。

クライアント：今回担当するプロジェクトは、社運がかかっている上に、初めての取引先なんですよ。もうすごいプレッシャーです。

コーチ：これまでの人生の中で、あなたが困難な出来事を見事乗り越えた経験

といえば何がありますか？
クライアント：通常最低1ヶ月はかかるプロジェクトを、何と2週間でやり遂げたことがあります。
コーチ：その時、あなたのどんな力が発揮されたのでしょうか。
クライアント：プレッシャーも忘れるぐらい、ものすごく集中力を発揮していましたね。
コーチ：何がそのスイッチを入れたのでしょう？
クライアント：取引先の大きな期待に応えたい、という気持ちですね。10倍にして返そうと思って取り組みました。

　このように、過去の成功体験から、その人の持っている強みやリソースを引き出すことができます。上記の場合はクライアントの「期待に応えたいという気持ち」というリソースが浮き彫りになりました。この会話の後、今回のプロジェクトでクライアントが誰の期待にどう応えたいと思っているのか、そのために何をしたいのかを尋ねることで、課題解決の糸口を見つけることができるでしょう。
　このように困難に出くわした時は、過去の成功体験を振り返ってみると、必ずその人のリソースや強みがいくつか見つかるものです。

●●● **潜在能力を引き出す** ●●●

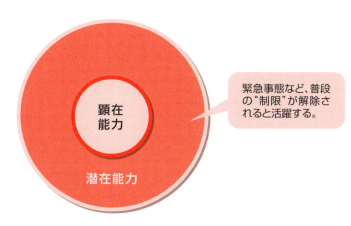

8-2 視点を変える

私たちが一度物事に対して抱いてしまったイメージは、なかなかくつがえす機会がないものです。しかしコーチングの手法を用いると、これまで自分にとって"真実"だと思っていたことを180度ひっくり返すことも可能になるのです。

どう見るか？

　自分の好きな飲み物が半分入ったコップが目の前にあったら、どう感じるでしょうか？「もう半分しかない」と感じる人もいれば、「まだ半分ある」と感じる人もいるでしょう。コーチングセッションの中では、このように同じ事象を違った視点から見る機会を提供します。

　私たちは人生の中で見聞きするもの、体験するものに対して、無意識のうちに何らかの評価判断を下しています。そして一旦"こうだ"と決めてしまったイメージを変えることはなかなか難しいものです。

　身に着けてしまった先入観は、自分を守るために役立つこともある反面、豊かな人生を手に入れる障害にもなります。そこでその先入観を打破するために大変有効なのが、以下のような視点を変える会話なのです。

世界が変わる

クライアント：今後のキャリアについて悩んでいるんです。

コーチ：あなたは今、自分のキャリアについてどう考えていますか？

クライアント：大手企業の人事も経験していて、マーケティングのことも分かっていて、営業経験も無くはないし、コーチングもカウンセリングもある程度できるんですが、どれをとっても中途半端なんですよねぇ。

コーチ：うーん…それを5本の柱があると考えたらどうかしら？

クライアント：5本の柱ですか！そんなこと考えたことも無かったです。何だかすごくエネルギーが湧いてきますね。人生の選択肢が増えた気がします。

8-2 視点を変える

　コーチングにもいろんな流派がありますが、基本的にアドバイスはせず、アイデアはあくまでもクライアントの中から引き出すというものが主流です。ただしコーチからの提案を「選択肢」のひとつとして提供することはできます。

　例に挙げた「5本の柱があると考えたらどうかしら？」が質問形式になっているのは、クライアントが"5本の柱を持っている"ととらえた際に考え方がどう変わるのか、自分で考えてもらうためです。

　「5本の柱があると考えたらどうかしら？」の代わりに「それをポジティブにとらえ直すと、どうなりますか？」という投げかけでもいいでしょう。可能な限りクライアント自身に考えてもらい、なかなかアイデアが出てこないようであればコーチの提案を"質問"という形で投げかけるという奥の手を使いましょう。

ポジティブにとらえる。これも視点を変えるひとつの方法です。

8-3 「できる」「ある」という前提

私たちは高いハードルを前にすると、「できるかな?」「そんなのムリだよ。」などと尻込みをしたり後戻りしたくなることがあります。そんな時には「できる」という前提を設定し、逃げ道を断ち切ってしまうと、突破口が見つかります。

壁を突破する質問

　人は何か新しいことにチャレンジする時、どんなことを考えるのでしょうか。そんな時に使いたいのが「それを解決するための方法があるとしたら、何ですか?」という質問。何気ない質問に見えますが、クライアントから解決を引き出すとてもパワフルな質問なのです。

　ポイントは"あるとしたら"という前提を設けてあるという点。一般的には「それを解決するための方法には、何がありますか?」という質問になりますが、これだと「思いつきません。」「ありません」と答えられてしまう可能性があります。ところが"あるとしたら〜?"という質問を用いることで、その逃げ道がなくなるのです。"ある"というのが前提なので、「ない」「できない」という選択肢がなく、回答を考えざるを得なくなります。これによって、クライアントは壁を突破して発想を拡げることができるのです。

　たとえばクライアントが「もっと収入を増やしたい」と望んでいるならば、コーチは「収入を増やすための方法があるとしたら、何ですか?」と投げかけてみるのです。いつもなら「自分ではどうしようもない」と思っているクライアントも、知恵を絞ってあらゆる可能性を探らざるを得なくなります。すると"上司に交渉してみる"というアイデアや、"逃げていたマネージャー職を思い切って引き受ける"あるいは"妻にも働いてもらえないか聞いてみる"といったアイデアが出てくることでしょう。

逃げ道を断ち切る

　新たな挑戦には、リスクやストレスがつきものです。そのため私たちはつい、「できるかなぁ」「できなかったらどうしよう」「○○だから難しそうだなぁ」という考え

を持ってしまうことがあります。多少の不満があったとしても、今のままの慣れ親しんだ生活を続けていくことが私たちにとって一番ラクなのです。

　そこで有効なのが、逃げ道を断ち切ってしまうこと。「できない」という選択肢をなくして、未来への扉を強制的に開けるのです。

　たとえば学校で演劇部に所属していて、俳優になりたいと思っている人がいるとしましょう。夢を実現するにはオーディションという難関を突破しなくてはいけません。そしてもし合格したとしても、芸能界で勝ち残って行かねばなりません。こんな風に、たとえ夢を持っていても、さまざまなリスクやプレッシャーを前に尻込みしてしまうと、その不安から逃れるために「オーディションまでに時間がないから」とか「特技を増やしてからじゃないと」という風に"できない理由"集めをしてしまうものなのです。

　現状に甘んじていては、望ましい成長や発展はありえません。そこで前述の「あるとしたら？」という質問が、現状突破のきっかけを提供してくれるのです。

●●● 逃げ道を断ち切る ●●●

橋をかけたままにしておくと、後戻りができます。「できるとしたら」「あるとしたら」という前提をつくるのは、いわば橋をはずしてしまう行為なのです。

8-4 未来の自分からアドバイスをもらう

コーチングの面白いところは、過去にも未来にも自由に行き来できるところ。そして時空を超えて、あらゆる人物と会話ができるところです。どのように活用するといいのか例を挙げてみましょう。

"実現した"という前提

実現したいことがある時、退路を断つという方法以外にもうひとつ効果的な方法があります。それは"すでに実現してしまった未来の自分に聴いてみる"という方法です。

現在のクライアント用、未来のクライアント用、2つの椅子を向かい合わせに並べます。そして2つの椅子を行き来してもらい、下記のような対話を行います。

現在のクライアント（以下G）：これまで10.年間部下を持ったこともないのに、どうやって20人の部下を育てることができたの？

未来のクライアント（以下M）：もう必死だったよ。会話も苦手でメールで済ませるタイプだったからね。最初の半年はストレス発散のために飲み過ぎて身体をこわしかけたけど、その頃ボクが大きく変わるきっかけがあってね…コーチングを勉強しにいったんだよ。

G：やっぱりコーチングかぁ…でもさ、コミュニケーションが苦手なのにどうやってコーチングをマスターしたの？今のボクには想像がつかないよ。

M：そう思うでしょう？でも、苦手だったからこそ、"あぁ！こうすれば会話って楽しくなるんだ！""なるほど！これが人気者とそうでない人の違いなんだ"って気が付いたんだ。謎が解けてからはコーチングが楽しくなったよ。

G：で、部下とはどんな関係になったの？考えるだけで頭が痛くなりそうなんだけど。

M：分かんないだろうなぁ（笑）人に興味が持てるようになると、相手も興味を持ってくれる。すると強い信頼関係が生まれるんだよ。とにかくコーチング学んでみなよ。絶対うまくいくから。

過去に経験してきたこととして話すことで、クライアントは、一番実現の可能性が高そうな方法を選びます。人からアドバイスされたことと異なり、それは自分の口から出た言葉なので、納得度も高く、大きな一歩を踏み出すきっかけになりうるのです。

第3者になってみる

またコーチングでは、歴史上の人物や尊敬する上司などの、第3者に話を聴くこともできます。"もし徳川家康だったらどうする？"とか"もし坂本龍馬だったらどうする？"と質問して、クライアントに考えてもらうこともできますし、前述の例のように、2つの椅子を用い、尊敬する人になりきって自分の質問に答えてもらうやり方でもいいでしょう。自分の思考パターンから抜け出せる、楽しく効果的な方法です。

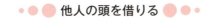
他人の頭を借りる

信長なら、部下の心をちゃんとつかんでおけと

秀吉なら、権力の使い方を誤るなと

家康なら、焦らずじっくり好機を狙えというでしょう

Column 7 成し遂げる力のある子に育てるには

　私は時々久しぶりにピアノを弾いてみたくなって、練習スタジオに行くことがあります。演奏するのは決まって、リストの「愛の夢第三番」…中学生の頃に大好きな男の子のことを想いながら弾いていた曲です。

　かれこれ30年以上たつし、さすがに忘れているかもしれないなぁ…と思いながらピアノの前に座ると、不思議なことに、指がひとりでに動き出して懐かしいフレーズを奏でてくれるのです。「身体がおぼえている」というのはまさにこのことだな、と思います。

　私が10年以上続けているコーチングでも同じことがいえます。初心者の頃は、「うーん…この後どんな質問をしよう？」と考えてしまって、相手の話に寄り添えなくなったり、相手にペースを合わせなくちゃと思ってぎこちなくなったりしたものですが、今ではコーチとしての関わり方が身体になじみ、意識しなくても自然にコーチングができるようになっています。

　コーチングに出逢った頃は「何だこの神業は？一体何をやっているんだろう？」「自分にもできるようになるんだろうか？」と思っていたこの私がです。

　要は何事も、徹底的に練習して自分の身体に叩き込むことが大切なのです。北野武さんも絶賛する、宮大工の小川三夫さんはこう語ります。

　「職人の世界から見ると、今の世の中の風潮で、困ったことが二つあります。一つ目は、何でも頭で考えようとすることです。頭から先に来ると身体がついてきません。それで辛くなります。辛くなると、もっと楽をしたくなり、いろいろ余分なことを考えます。しかし、頭で考えると実際には思うようにならずに、焦りが出ます。尚のこと、うまくいきません」

　頭が良すぎる人は「もっと効率のいいやり方はないか？」「もっと他に儲かる方法があるのではないか？」「もっと人より先をいく方法があるのではないか？」と考えすぎて、「現場で自分を磨く」ということがおろそかになりがち。

　愚直にやるべきことを積み重ねていくことが自己実現への何よりの近道。そして親がひとつのことに地道に取り組んでいる姿を見せることが、簡単にあきらめないで鍛錬を積み重ねることをいとわない子に育てる大きなポイントなのです。

Column 8 すべての行動には肯定的な意図がある

　私たちは日々さまざまな問題に遭遇します。ひとりだとつい目の前の問題から逃げたくなり、考えが堂々巡りになることもあるでしょう。クライアントが問題に直面してそんな状態になっている時、コーチは、クライアントがより意欲的に取り組めるような視点を提供するのが理想。そうすることでスピーディーな問題解決が可能になります。

　そんな時に使いたいのが「すべての行動には肯定的な意図がある」というNLPの考え方です。

　たとえば歩道を歩いている時に、前方から自転車が全速力で走ってきたとしましょう。歩行者から見ると"私に危害を加えようとしている"と感じられるかもしれません。

　では反対に、自分が自転車で道を走っているケースを考えてみましょう。前方から横一列に並んで歩いてくる集団がいたら、おそらく"ジャマだな"と思うのではないでしょうか。しかし自転車側に「急いで目的地に到着したい」という肯定的意図があると同時に、歩行者側には「みんなで仲良く話したい」という肯定的意図があるのです。

　たとえば「ヤセたい、と思っているのについ夜遅くにお菓子を食べてしまう」というクライアントがいたとしましょう。"つい食べてしまう"という行為は"ネガティブな行為"として扱われがちですが、そこにある肯定的意図を見出すのです。すると"つい食べてしまう"という行為には、"癒されたい""ストレスを解消したい"といった肯定的な意図が見出せます。

　こういうケースの場合「遅い時間にお菓子を食べないで済むように、何かできることはないか?」と考えるのが一般的です。けれどもこの「肯定的な意図」という考え方を使えば、「他の手段でストレスを解消する方法はないか?」という発想ができるのです。

　すると「早めに入浴して、ゆっくりマッサージを楽しむ」といった、モチベーションが上がる代替案がクライアントから出てくるかもしれません。するとクライアントは"お菓子を食べたいのをガマンして、マッサージを選んだ"のではなく、"自分の望んでいる癒しを得るために、マッサージを選んだ"ことになり、よりポジティブな気持ちで問題を解決できる可能性があるのです。

第9章 自分を向上させるために

コーチングは、人間関係を豊かにし、内なる自分とのコミュニケーションを深めることのできるメソッドです。この章では具体的な事例を織り交ぜながら、自分を高めてよりよい未来を手に入れる方法をお伝えします。

アンテナの感度を上げて、五感を通じてまわりの人たちの状態をキャッチしましょう。相手との関係性が変わり、相手に対して持っているイメージまで変わります。

自分に対して

❶ 自分を見つめる

「けっこう面倒な仕事で」
「あーだこーだ」
「うーん、初心に戻って情熱を注ぎたいです」
「で、その仕事に対してどうかかわりたいですか?」

自分　　コーチ

コーチングを受けたり、瞑想をすることで、内なる自分と対話する時間を持ちましょう

❷ ネガティブなレッテルをはがす

「仕事遅い」「使えない」
ゴミ箱

過去に他人から貼られた不要なレッテルは、捨てましょう

❸ いいセルフイメージを育む

私は人に貢献する人です。
私は人を力づける人です
私は人生を楽しんでいます

セルフイメージは新たに作り上げていくことができます。
具体的にこうありたいと思う自分を明文化してみましょう。

| 自分を整え高める | × | まわりの人といい関係をつくる | = | ビジネスもプライベートも豊かになる |

9-1 相手を主役にする

聴き役になる＝相手を主役にすること。話を聴くことで相手を尊重する習慣が身に付くと、ビジネスにおいてもプライベートにおいても豊かな人間関係を手に入れることができます。

聴くことで人間関係が変わる

ビジネスの現場でもプライベートにおいても、人が生きて行くためには周囲の人たちと意思疎通を図る必要があります。そのため多くの人は"話す"ことが大切であり、"コミュニケーション上手"とは"うまく話すこと"であると思っているようです。

しかしながら、相手に好印象を与えて速やかに信頼関係を築くためには、何よりもまず相手の話を"聴く"ことが大切なのです。

もし話すウエートの高い人であれば、しっかり相手の話を聴くスキルを身につけることでより受容力を高めることができ、さらに人から好かれるようになります。

元々人の話をよく聴く人であれば、コーチング的アプローチを身につけることで、相手の状態をキャッチする感度が上がり、人との信頼関係をさらに深めることができます。

"聴く"ことが人間関係に良い影響をもたらすことは「コーチングを始めて、異性からの人気が上がった」という体験談をしばしば耳にすることからも明白です。"聴く"とはただ黙っていて何もしないことではありません。表情や態度で話し手に大きな影響を与える行為なのです。

相手を主役にするコーチングスキル

コーチングを勉強するとコミュニケーションはどう変わるのでしょうか。主な3つのポイントを見てみましょう。

●人の話をちゃんと聴くことができるようになる

「何を話そうか」などと考えながら聴いたり、「何甘ったれたこと言ってるの？」

などと批判的な姿勢で聴いたり、自分が話すタイミングを伺いながら聴くのではなく、相手の話に集中して耳を傾けることができるようになります。

● 相手の感情やエネルギーの変化をキャッチできるようになる

相手の話の内容だけではなく、微妙な感情の揺れ動きやエネルギーレベルの変化が分かるようになります。つまり会話を通じて、相手がどんな時に喜びを感じるのか、どんな時に悲しくなるのか、どんな時にやる気になるのかということがわかり、深く相手を知ることができるようになるのです。

● 相手の魅力をキャッチするアンテナの感度が上がる

相手の長所や魅力に焦点をあてる習慣が身につくので、ネガティブな先入観を持つことなく、相手に対して好意的に接することができるようになります。

上記のように数多くの効果がありますが、中でも人の話をちゃんと聴いて、人のいいところに意識を向けるようになるというのが、コーチングを学ぶことから得られる最大の成果でしょう。相手は自分の言いたいことを聴いてもらえるという体験を通じて、自分という存在を丸ごと受け止めてもらえたという満足感を味わうことができます。相手を主役にしたコミュニケーションを行うことで、人間観がダイナミックに変化することでしょう。

●●● **本当の聞き上手になると** ●●●

コーチ

ポジティブ指向でパワフルな人だな。

頼られることが喜びなんだな。

気丈なフリをしているけど、かなりプレッシャーを感じているな。

クライアント

コーチングスキルを学ぶと、相手からの情報をたくさんキャッチできる。

9-2 自分の枠を越える

人には自分で気付かないうちに、無意識に繰り返している行動パターンがあります。日頃の習慣を振り返り、これまでにない新しい方法にチャレンジすることで、ビジネスや人生においてさらに大きな成果を手に入れることができるでしょう。

違うやり方を探す

　人にはいつも、知らず知らずのうちに繰り返している行動パターンがあります。そしてその行動パターンが、自分を枠の中に閉じ込めているかも知れないのです。**Solution Focused Approach**（解決指向アプローチ）というカウンセリングメソッドのスキルのひとつに**Do Something Different**（何か違うことをする）というものがあります。

　このスキルはコーチングの中に採り入れられているもののひとつで「うまくいっていないことがあるのなら、これまでのやり方と違うことをする」というシンプルな考え方です。当たり前のように思えるでしょうが、これが意外にできていないのです。人は放っておくと、日々いつもの習慣を繰り返して過ごしてしまいます。

　たとえば"職場で仕事を頼む時、何かとイヤミを言うAさんではなく、素直に引き受けてくれるBさんにばかり頼んでしまう"といった具合です。こういった選択は無意識のうちに行われていることが多いもの。現状を変えたいのであれば、習慣に流されるのではなく、意識的に新しい行動をとる必要があります。たとえばAさんに頼んでみることで、仕事のクオリティが上がるかもしれないのです。

　初対面の人に出会って、相手がすごく無愛想だったとしたら、その後相手に対してどう振る舞うでしょうか？　たとえば、自分からは声をかけない→向こうからも声をかけてこない→疎遠になる、という流れが考えられます。人生の中でこの習慣を繰り返していると、傷つくリスクも少ない代わりに、豊かな人間関係を手に入れるチャンスも失ってしまうでしょう。ところがDo Something Differentを用いることで次のように変わる可能性があるのです。

やり方が変わると結果が変わる

　相手がすごく無愛想な印象だった→それを気にせず自分から声をかけてみる→慣れてくると笑顔を見せてくれるようになった→ちょっとシャイなだけで怖い人じゃないということが分かった、という風に、行動パターンを変えることによって、相手との関係性が変わる可能性があります。

　私たち人間の行動は、メリットを得ることに動機づけられているものもあれば、リスク回避に動機づけられているものもあります。そして基本的にメリットを上回るリスクがありそうな時は、リスク回避を優先して、多少の望みやメリットを手放してしまうものです。

　けれども手に入れたい理想の未来像があるのなら、そこに向かってチャレンジしてみよう、というのがコーチングの発想。いつもの習慣を見直し、新たなアクションを起こして成功体験を積み重ねることで、いい循環が生まれます。そしてこのいい循環を繰り返していくことで自分の視野や行動範囲が拡大し、いつの間にかこれまでの生き方を越えていることに気付くことでしょう。Do Something Differentを適用し続けて行くことで、誰もがさらに豊かな人生を手に入れることができるのです。

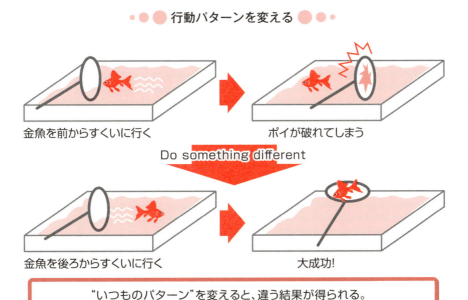

●●●● 行動パターンを変える ●●●●

金魚を前からすくいに行く　　ポイが破れてしまう

Do something different

金魚を後ろからすくいに行く　　大成功!

"いつものパターン"を変えると、違う結果が得られる。

9-3 己を知る

瞑想のように、一人で自分のことを振り返る時間を持つのもいいことですが、コーチングという対話を通じた自己洞察の時間を持つことで、気付きをスピードアップさせることができ、さまざまな視点から自分を知ることができます。

自分を振り返る時間を持つ

最近、瞑想に興味を持って、取り組む人が増えているようです。おそらく世間の流行や忙しい日常に流されることなく、ちゃんと自分を見つめる時間を持ちたいと考える人が増えているのでしょう。

そんな風に自分をしっかり見つめたい人にとても効果的なのがコーチングです。コーチングではコーチにじっくり話を聴いてもらい、さまざまな角度から質問やフィードバックを受けるため、自分を見つめる時間をより密度の濃いものにすることができます。

世界で一番よく知っているようで実は知らないのが「自分」のこと。たとえば次のような例があります。

「昔グループの中にいると、すごく居心地が悪くなることがあったんです」という女性Aさん。Aさんはその原因を「私が引っ込み思案だからかな？」「コミュニケーションが下手なのかな？」「口ベタだからかな？」と自分で推測していました。

ところがある時お酒の席で、仲のいい男性が「いやぁ〜 Aさんってホント、自分が中心じゃないと気がすまないんですねぇ」としみじみ言いました。彼女は自分にそんな傾向があろうなどとは夢にも思っていませんでしたから「何だ、そうだったのか！」と目からウロコが100枚くらい落ち、とても気持ちが軽くなったのだそうです。

コーチングで自己洞察する

こんな風にAさんは友人からのフィードバックで、自分の本当の姿を知ることができました。このような気づきを効率よく得られるのがコーチングなのです。日頃スケジュールに追われていると、あまり自分とじっくり向き合う機会がないものです、ところが定期的にセッションの機会を設けることで、日頃の言動や気持ち

を冷静に振り返り、常に望ましい行動を選択できるようになります。たとえば前述の例をコーチングで扱うとこのようになります。

コーチ：居心地悪いって具体的にはどういう状態ですか？
クライアント：何かなじめないというか浮いている感じです。
コーチ：どんな時に居心地が悪くなるのですか？
クライアント：うーん……みんなが他の人の話で盛り上がっている時ですかね。
コーチ：「かまってほしい！」っていう心の声が聞こえる気がしますが、どうですか？
クライアント：まさにその通りです。これまで全然気がつきませんでした。

上記の例に出てきた"「かまってほしい！」っていう心の声が聞こえる気がしますが、どうですか？"というのは、クライアントの話しぶりから感じたままを伝える"フィードバック"というスキル。コーチングではクライアントが自ら気付くだけではなく、コーチがクライアントの変化を温かく観察していて、感じたことを伝えてくれるのも大きな魅力。そしてそれは決して評価や非難などではなく、クライアントの気付きを促すためのきっかけづくりなのです。

自分との対話

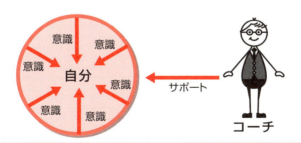

コーチに対して話をしているが、意識はほとんど自分の内面に向いている。

9-4 セルフイメージの変革

人はこれまでの人生の中で経験したさまざまな出来事やまわりの人から言われた言葉によって、固定した自己イメージを持ってしまいがちです。ところが自ら自己イメージを変えていくことで、自分の望む人生を手に入れることができるのです。

レッテルをはがそう

人が自分に対してどんなイメージを持っているか……それは、これまでの人生の中でまわりの人たちから自分に対してどんな評価が下されたか、そして自分がどのような体験を積み重ねてきたか、によるところが大きいものです。

「みにくいアヒルの子」というおなじみのアンデルセン童話を例に挙げてみましょう。アヒルの家族の中で育てられた主人公のひな鳥は、「みんなと違って醜い」とイジメられ、つらい日々を過ごしていました。ところがある日水面に映った自分の美しい姿に驚き、自分が白鳥だったことを知りました。

人間もそのひな鳥と同じなのです。ひとり一人にはそれぞれ違った強みや魅力があり、限りない可能性に満ちあふれているのにも関わらず、「人と比べて、自分にはたいした能力がない」「自分にはそんな大役は務められない。」と小さなセルフイメージの中に自分を閉じ込めたまま一生を終える人が多いのは残念なことです。

人は学校や会社、その他さまざまなところで、他人との関わりを通じて"自分"のイメージを作り上げて行きます。そのために私たちは良いも悪いも含めてさまざまなセルフイメージを持っていますが、一度や二度味わった挫折感やたまたま人から貼られたレッテルによって、自ら可能性を閉ざしてしまうのは、とてももったいないことです。

セルフイメージは創造できる

コーチングを受けることで、これまでの経験から作ってしまった思い込みのセルフイメージから、なりたいイメージへと変化させていくことができます。自分がどういう人間なのかというのは、他人や過去の自分が決めるものではなく、現在の自分が自ら決めることができるのです。

9-4 セルフイメージの変革

　コーチングでは、人生の中で愛してやまないこと……たとえば人の役に立ちたい、音楽を通じて自己表現したい、常に何かにチャレンジしていたい……といったことを引き出したり、自分がどう生きたいのか、どういう自分でありたいのかということをじっくり考える時間を提供します。

　自分にとって人生でゆずれないものは何なのか、仕事を通じて何を手に入れたいのか、家族や周囲の人たちとどんな人間関係を育んで行きたいのか、といった日常生活の中ではあまり考えることのない大きなテーマを扱うことで、コーチと共に人生をプランニングしていくのです。そのように新たなセルフイメージを手に入れることが、豊かな人生を手に入れるための第一歩なのです。

セルフイメージの変革

ネガティブ

仕事	何とか生きて行ければいい。チャレンジはしない。
人間関係	グチの多い友人ばかり。
食生活	毎日インスタント物ばかり。

私は一生貧乏な生活を送る人

ポジティブ

仕事	常に向上心を持ち可能性にチャレンジし続ける。
人間関係	意識の高い、向上心ある人とつきあう。
食生活	身体にいい食材をとる。いいレストランに行く。

私は豊かで幸せな人生を生きる人

セルフイメージが行動を決め、人生を決める。

9-5 宣言することの効果

自分の夢や目標を周りの人たちと分かち合うことが、実現させるための近道になります。なぜならば壁にぶつかった時や現実に流されそうな時に、周りの人たちがそれを思い出させてくれ、力づけてくれるからです。

公表してみる

「こんな会社を作ってみたい」「こんな世界で活躍してみたい」そんな夢や目標を胸に抱いた時、あなたならどうしますか？人に話して協力者を集めようとする人もいれば、「人に話して、もし実現できなかったらカッコ悪い」と思って、黙って行動する人もいるでしょう。

自分が実現したいことを周囲の人たちに対して宣言すると、自分の中だけにその想いをとどめておくことに比べて、実現するスピードが格段に上がります。起業する際に、ひっそりとスタートする人と広く告知する人とでは、どちらの方がいいスタートを切ることができそうでしょうか？もちろん後者でしょう。10人より100人、100人より1000人の人に知ってもらった方がビジネスチャンスは広がります。そして賛同してくれる人、応援してくれる人が多ければ多いほど、クチコミが拡がる可能性も高いわけです。そして弱気になった時やスランプに陥った時にも、支えてくれる人が現れたり、「広く告知してしまった手前がんばらなくては」と自分を奮い立たせる材料にもなります。

最近はホームページだけでなく、ブログにメルマガ、フェイスブックといったさまざまなソーシャルメディアがあり、宣言の場にこと欠きません。セミナーなどに参加して、夢や目標を分かちあうこともできます。人生の一大決心を受け止めてくれる人たちは、家族や友人や同僚といった身近な人たちだけでなく、世界中にたくさんいるのです。

潜在意識にインプットする

コーチングではクライアントが毎回、自分で行動計画を考え、それを実行することを宣言します。また、セミナーや研修でも、自分のビジョンやミッションを仲

間の前で宣言する機会を設けているものがたくさんあります。宣言することで自分の心に火をつけ、なおかつ自己責任意識を持つことができるのです。

　自分の言葉で表現しそれを声に出して言うことで、潜在意識の中に自分のビジョンをしっかりインストールすることができます。またコーチや参加者仲間といった第三者に立ち会ってもらうことで、逃げ道をシャットアウトし、背中を押してもらうこともできます。これが夢の実現や目標達成のために大変有効なのです。

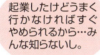
宣言することの効果

9-6 成果を挙げる自発力

人生をより豊かなものにするには、毎日のアクションをひとつひとつ自分で選択していくことが大切です。受身になることなく自発的に物事に取り組むことで、仕事の成果にも人間関係にも大きな違いが生まれます。

自分が出発点

　毎日あわただしく過ごしていると、自分がどんな人生を送りたいのか、人生で何を手に入れたいのかをつい忘れてしまいがちです。ところがビジネスではもちろん、人生すべてを主体的に自分で作り上げていくというスタンスで生きていると、毎日が楽しく充実したものになってきます。

　朝起きて「あ～あ。今日も満員電車に揺られて仕事かぁ。ダルいなぁ。仕事も面白くないし。オレの人生こんな毎日を繰り返して終わるのかなぁ」などとイヤイヤ受け身の人生を過ごすのは、とてももったいないこと。目的意識を持って"いまここ"を生きると、1日1日がとても充実します。成功者は一瞬一瞬をムダにしません。失敗から学び、好ましくない人物をも反面教師としてとらえ、すべてのことから学ぶ姿勢を持っています。

　たとえば取引先の担当者が苦手な人物だったとしましょう。その人との打ち合わせの際に「面倒だな。できるだけ早く切り上げよう」と思うのか、「この人との会話から学べるものは何だろう？」と考え、前向きに関わっていくのか…そのようなスタンスの違いは、ビジネスでの成果や人生の充実度に大きな違いをもたらすのです。

行動に目的を持つ

　たとえ苦手な人であったとしても、意識を切り替えて「この人から学ぼう」という目的意識を持つと、相手に対して興味も湧き、相手のいい所を発見することもできるでしょう。いい所を見るようになれば自ずと相手も心を開いてくれるようになり、信頼関係が深まっていくわけです。

　さまざまな出来事を前向きにとらえて常に目的意識を持って行動するには、コー

チングを受けたり、自問自答するセルフコーチングの時間を持つと良いでしょう。

人は感情の動物です。そのため自分にとって本当に望ましい方向を選択するよりも、恐れや不安や喜びといったその時々の感情に左右されがちです。

たとえばある職場に勤めて10年になるBさんという人がいたとしましょう。「ステップアップを考えるとそろそろ転職した方がよさそうだな」と考えてはいるけれど、「今から新しいスキルを身につけるものもおっくうだし、年下の人間に指示されるのもイヤだし、新しい人間関係の中に入っていくのはストレスになるなぁ」という後ろ向きな考えにとらわれてしまうと、そのまま惰性でその職場に留まってしまいかねません。

そのように後ろ向きな感情に流されないためにも、今自分の人生にとってどんなアクションを取るのがベストなのかを、じっくり考える時間を持つことが大切です。そして感情に流されるのではなく、冷静に客観的な視点で物事を判断し、選択していく必要があります。すると人生に対して主体的に取り組むことができ、何事においても望ましい成果を出せるようになるでしょう。

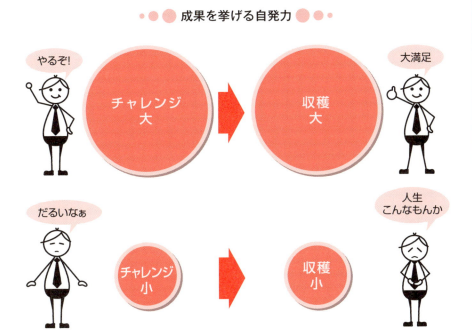

成果を挙げる自発力

9-7 体験がいいコーチをつくる

「コーチングを学び、プロとして独立したい」「職場でコーチングを活用したい」そんな
ビジョンを持っている人は、積極的にコーチングを体験しましょう。コーチングの成果
を実感すればするほど、自分が提供するコーチングもパワフルなものになります。

コーチをつける

　コーチングは企業研修のプログラムとしても定着し、マネジメントの基本スキルとして認知されるようになりました。このスキルをしっかり身につけるためには、研修などで学ぶと同時に、クライアント経験を十分に積むことが必要です。なぜならコーチの聴き方や質問がクライアントにどんな影響を与えるのかを実感してこそ、真に効果的な関わり方ができるようになるからです。プロとして活動しているコーチも、定期的にコーチングを受けて自分の腕に磨きをかけています。

　人に悩みを話していたら、アドバイスをもらったわけでもないのに、なぜか解決策を見つけられたという経験は、多かれ少なかれ誰にでもあるでしょう。けれども日頃一方的に話してばかりいると、周囲の人たちから敬遠されてしまいます。

　そこで自分で話して気付きを得るという有意義な時間を提供してくれるのがコーチという存在なのです。守秘義務契約を結び、コーチ倫理に則って関わってくれるので、安心してオープンに話をすることができます。ところがもし転職を考えている人が、社会経験の長い先輩に相談したら、どんな言葉が返ってくるでしょうか？「そう楽しい仕事なんてないんだから、もう少し今の会社でがんばってみたら？」とか「その若さで独立なんて、早いんじゃない？」などと本人のためを思って言っているつもりで、ともすれば可能性を閉ざしてしまいかねないアドバイスをするケースが多々あるのです。

　コーチングがこういったアドバイスと決定的に違う点は、一般常識やコーチの個人的な価値観とは関係なく、クライアント本人がどう感じていてどうしたいのか、ということをとことん引き出していく点。通常の指示命令、アドバイスを用いた部下指導とは何が違うのか、一般的な人生相談と何が違うのか、ということを知るには、自分でコーチングを継続的に体験してみることが一番の近道なのです。

人のリソースを呼び覚ます

　コーチングでは、足りないものや問題を探すのではなく「どんなリソースを持っているのか」「手に入れたいものは何なのか」「そのためにはどうすれば良いのか」ということに焦点をあてます。今の自分に足らないものとは何でしょうか？ お金？ 車？ 家？ 理想のパートナー？ 理想の友人？ 人脈？ どれだけ挙げてもキリがありません。すべて必要なものがそろった完璧な人間になれば起業できるのでしょうか？ 理想のパートナーと結婚できるのでしょうか？ いいえ、おそらく"完璧"になる前に死んでしまいます。

　自分がクライアント体験をすることで、これまでの殻を破り、パワフルな自分を創り出すコーチングの効果を実感できるでしょう。優秀なコーチだから、人気のあるコーチだから成果が上がるとは限りません。自分が心を開いて何でも話せる相性のいいコーチを探しましょう。そのためには動画をじっくり観てみたり、直接会いに行くなどして、自分にフィットするコーチを選択するのがポイントです。

体験がいいコーチをつくる

クライアント体験で効果を実感しておくと使うタイミングやコツが分かる。

9-8 自分が変われば世界も変わる

コーチングを受けたり学んだりすることで、これまでの人生観やモノの見方が大きく変わります。それは自分の生き方やコミュニケーションを変化させ、人生にも人間関係にも素晴らしい変化をもたらすでしょう。

他人は自分の鏡

「社会に出てから、父親の偉大さや苦労が分かった」というセリフをよく聞きます。子供の頃は「厳しくて恐ろしい父」「自分にかまってくれず仕事ばかりしている父」という視点で見ていたかもしれません。しかし自分自身が社会の荒波にもまれることで、「いろんな苦難を乗り越えてビジネスに取り組んできた人」という、これまでとは違った父親の一面に目が行くことでしょう。すると父親への接し方も変わり、父親の方もまた、子供に対してこれまでとは違った面を見せてみようかという意識が働くわけです。

人は自分のいいところも悪いところも映し出してくれる鏡です。コーチ業界でよく聞く話なのですが、数年前に出会った時は攻撃的に見えた人が、自分がコーチになってから久しぶりに再会してみると、まるで別人のように穏やかな人に見えた、というような体験談は決して珍しくありません。

そんな現象が起こるのは、コーチングを学ぶことで人の美点を見るようになったり、自分の社会に対する関わり方が変わったことに起因していると考えられます。

コーチングを受ける・学ぶ

コーチングを受けることで自分のリソースを棚卸でき、自分を大きく向上させることができます。またコーチングスキルを学ぶことも、人生を大きく飛躍させるきっかけになります。なぜなら上記のように、自然に人の長所や魅力に意識を向けることができるようになるからです。するとまわりの人との関係にプラスのスパイラルが起こり、自分の人生に素晴らしい変化が起こってきます。なぜならチャンスは人が運んできてくれるからです。

一般的にコーチングは、ビジネスの現場で上司が部下の能力を引き出すための

メソッドとして知られていますが、そのメリットはビジネスでの成果を挙げることだけに留まりません。

　コーチングは、ライフスタイルや趣味、健康、家族関係、友人関係など、ありとあらゆる分野に変化を起こします。なぜなら受け身の生き方をやめて、主体的に自分の望む生き方を選べるようになるからです。

自分が変われば世界も変わる

兵士は「自分は戦場にいる」と思っているから、人が敵兵に見える。

登山者は「自分は登山にきている」と思っているから、人が登山者に見える。

9-9 観察力で人間関係を向上

人といい関係をつくるには、まず相手のことを知ることが大切です。そのためには
まず日頃から人を温かい目で観察することが求められます。そして観察していると
その人のいろいろな特徴が見えてきます。

変わらない関係

　コーチングスキルを身につけると、クライアントや部下の能力を引き出せるだ
けでなく、自分の周りの人間関係が目に見えて良くなって行きます。なぜなら人
を温かい目線で観察する習慣がつき、人のいい所に焦点を当てるようになるから
です。

　たとえば会社の苦手な上司と、必要最低限しか話をしないＣさんという男性が
いたとしましょう。Ｃさんがその上司と話す時は事務的な会話だけになり、おそ
らくなごやかな空気はそこにないでしょう。そしてＣさんは上司と不要なコミュニ
ケーションを取らなくてもいいように、なるべく接触を避けて行動するので、上
司のパーソナリティを深く知る機会はありません。…そのような関係が続く限りＣ
さんは「○○さんはコワイ上司」「○○さんは思いやりのない上司」という先入観を
上司に対してずっと抱き続けます。同僚から聞かされる話の中でも、自分の先入
観を裏付ける情報だけに敏感に反応し「ほら、やっぱり。あの上司は本当に思いや
りがない人だ！」と自分を納得させる材料にしてしまうのです。

観察することで相手を知る

　そのような上司に対する見解は、Ｃさんにとっては"真実"以外の何モノでもあり
ません。けれどもこれはあくまでもＣさんのネガティブな先入観が作り出した、ひ
とつのイメージにしか過ぎません。そして、このようなイメージを持ち続けてい
ると、困ったことにＣさんの態度や口調や表情に、自ずとその想いが反映され、上
司に伝わってしまうのです。

　たとえばＣさんが上司に"高圧的ですぐ怒る人"というイメージを持っていると、
おずおずとした態度で話す習慣が身につきます。すると上司はそんなＣさんに対

して、不思議に怒りたくなる衝動にかられます。つまりCさんは無意識のうちに自ら上司の怒りを助長するような態度を取り続けていることになります。そんな関係を改善したいと思うのであれば、まずはニュートラルな視点で観察することから始めなくてはなりません。

　コーチはクライアントのことを温かく観察します。クライアントの気持ちやエネルギーの変化をいかに敏感に感じ取ることができるかが、コーチングの成果を左右するからです。同様に、日常の人間関係でも相手を観察することが大切です。嫌いだと思って避けていると相手の魅力に触れる機会もなく、嫌いなイメージばかりが増幅するからです。

　ところが相手に対して持っている先入観を捨てニュートラルな気持ちで観察していると、相手のいい所が見えてきて、自分の表情や態度に想いが反映されます。それが相手にも伝わってプラスの循環が生まれるようになり、自ずといい関係づくりができるようになって行くのです。

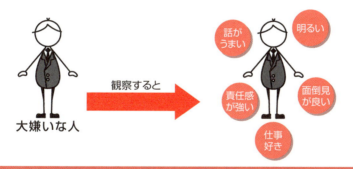

人を観察することで、強みや魅力が見えてくる。

第10章

コーチングを生み出した心理学・カウンセリング手法

コーチングの技法には、米国で広く用いられている短期家族療法をルーツとするものがたくさんあります。各流派のセオリーを知ることで、コーチングテクニックに対する理解をさらに深めることができるでしょう。

コーチングのエッセンスと各種手法の関係

傾聴

来談者中心療法（P.226）

ブリーフセラピー（P・234）

リソースを見つける

NLP（P.232）

ソリューション・フォーカスト・アプローチ（P.236）

モノの見方を変える

アドラー心理学（P.228）

システムを見つける

ナラティブセラピー（P.238）

ゲシュタルト療法（P・230）

身体の声をきく

問題と人を分ける

各心理学・カウンセリング手法の概要

来談者中心療法
「非指示的カウンセリング」とも呼ばれた、無条件の受容、共感的理解をベースにした手法。クライアントを一番よく知っているのは本人自身であるという考え方に基づいている。

ブリーフセラピー
問題の原因ではなく、それを引き起こしているシステムや相互作用にアプローチするメソッド。NLP、ソリューション・フォーカスト・アプローチ、家族療法などの総称。

ゲシュタルト療法
クライアントの身体感覚や五感に働きかけることで、心の声を引き出していくメソッド。空の椅子を相手に見立てて会話をし、問題解決に導くエンプティ・チェアで有名。

NLP
米国における3人の天才セラピストの技術を体系化。クライアントと短時間で信頼関係をつくるための卓越したコミュニケーションスキルを提供。

ソリューション・フォーカスト・アプローチ
"うまくいっていること"を探し、それを解決の糸口にする手法。クライアントを認める言葉がけをするところが大きな特徴。

アドラー心理学
「人は変われないのではなく、自ら変わらないことを選択している」と解釈する心理学。トラウマの存在を否定し、「問題」は自分が無意識のうちに望んで引き起こしていると考える。

ナラティブセラピー
「人は誰もが自分の人生の専門家である」という考え方を基本にしたメソッド。"人"を問題視するのではなく、"問題"と"人"を切り離して考える。

10-1 来談者中心療法

現代のカウンセリング、コーチングの基礎である"傾聴"のスキルの土台となった、カウンセリング手法。カウンセラーが分析したり指導したりするのではなく、クライアントの話に真摯に耳を傾けることで、自らが気づき変化していくことを大切にしています。

無条件の肯定的関心を寄せる

　従来のカウンセリングは、分析したり忠告したりする"**指示型**"のものが主流でした。心理療法家の**カール・ロジャーズ**は「非指示的カウンセリング」とも呼ばれたクライアント中心のセラピースタイルを確立。クライアントに対する無条件の受容、共感的理解をベースに、傾聴やおうむ返しを中心とした関わりをするようになりました。問題をどう解決したらよいか、その方法を一番よく知っているのはクライアント自身である。という考えに基づき、クライアントの体験を尊重したのです。

　私たちは日頃、無意識のうちに心の中で同意したり批判したりしながら人の話を聴いています。たとえば目の前の人が「どんな人にも愛を持って接することが大事です」と言っていたとしましょう。するとそれを聞いて「好きな人にでも愛が持てない時があるのに、嫌いな人に愛を持って接するなんてできないよ」と心の中で反論してしまう、といった具合です。すると心の中の反論はその人の表情や態度、口調などに現れてしまい、相手が自分らしくありのままで自己表現することの妨げになります。

　ロジャーズは、クライアントの話す内容が、たとえどんなものであろうと一切の評価や批判をせずに、ありのままに受容することの大切さを説きました。有識者としてアドバイスしたり指示したりするのではなく、一人の人間として向き合い、誠実に受け止めることで、クライアントが自ら気づいて変化成長していくことを大事にするという考え方です。

共感的理解

　私たちは、自分と同じ体験をしている人の話を聴くと「そうそう！」と心の中でうなずきます。一般的には「共感」というと、このように相手が言ったことに対して同意することを指します。けれどもロジャーズのいう**共感的理解**というのは、相手の話すことに同意することではありません。"あたかも自分も相手と同じ体験をしたかのように、相手の立場に身を置いて気持ちを感じ取る"こと。つまり"この人はこんな風に感じているんだなぁ"という風に推測することなのです。するとあくまでも客観的に相手の気持ちを理解することにつながり、クライアントに対して過剰な感情移入をすることもなくなります。客観的に、しかししっかり相手の気持ちに寄り添うことで、クライアントは心を開いてくれ、カウンセラーは常にニュートラルなスタンスでクライアントの状態を見守ることができます。

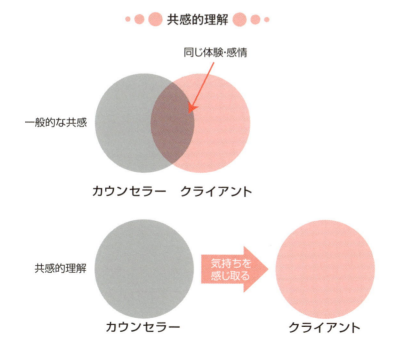

10.2 アドラー心理学

"トラウマによって問題が起こる"という考え方を否定し、"人の行動にはすべて目的がある"という「目的論」の立場を取る心理学。創始者は、フロイトとの共同研究者からスタートし、独自の理論に基づく「個人心理学」を生み出した、アルフレッド・アドラー。

原因ではなく目的に目を向ける

従来の心理学では、現在何か問題があれば、その原因を見つけて解消しようとする考え方が主流でした。けれども**アドラー心理学**では"問題は何らかの目的のために行動した結果である"と考えます。

たとえば従来の原因論では「集団生活に対して苦手意識を持っているのは、小さい頃に学校でイジメを受けたためである」と考えるのに対して、アドラー心理学では「集団生活を避けたいから、小さい頃にイジメられたことを言い訳として用いている」と考えるわけです。

アドラーはこのように原因論やトラウマの存在を否定し、今問題を抱えているとすれば、それは自分が無意識のうちに望んで引き起こした出来事であると考えました。つまり人は変われないのではなく、自ら変わらないことを選択している。だから人は過去にどんな経験をしていようと、自由に自分の生き方を選ぶことができるのだ、という考え方です。

もしあなたがなかなか解決できない問題を抱えているならば「自分はどんな目的でこの状態を選んでいるのだろう」と考えることが解決の糸口になるでしょう。

劣等感があるから成長できる

アドラーは「人は自分の理想に現実が追い付いていないため、劣等感を抱くのだ」と考えました。彼自身幼い頃にくる病にかかったために身長が150cmと低く、また運動音痴であったことから、長年劣等感について深く追究してきたと言われています。一般的には劣等感は良くないものであると考えられがちですが、アドラーはこの考え方を覆し「劣等感なくして成長なし。劣等感があるからこそ人は自分の理想に向かって努力することができるのだ」と考えました。

10-2 アドラー心理学

　またアドラーは、劣等感をバネにして努力するのではなく、劣等感を言い訳にして本来やるべきことから逃避することは解決すべきことであるとし、それを"劣等コンプレックス"と名付けました。他人と比較することではなく、今の自分よりさらによくなるにはどうすればよいかと考えること。問題の原因を考えるのではなく、解決を考えること。それがアドラーの提唱した劣等コンプレックス解消法であり、コーチングの手法に影響を与えた考え方なのです。

●●● 原因ではなく目的を見る ●●●

10.3 ゲシュタルト療法

未完結の悩みに対して、その出来事を再体験することを通じて、解決につながる気づきを得られるゲシュタルト療法。クライアントの身体感覚や五感に働きかけることで、心の声を引き出していきます。

「いま、ここ」を大切にする

私たちは常に「いま」にいながら、過去のことを後悔したり、未来のことを思い煩ったりして生きています。たとえば誰かと会っている時も「この人はいつも遅れてくるんだから」とか「この後○○さんにメール送らないと」などという風に、意識が過去に戻ったり未来に行ったりしています。目の前の人と本当の意味で共にいる瞬間など、ほんのわずかな時間なのかもしれません。

私たちがおろそかにしがちな「いま、ここ」を大切に扱っているのが、NLP誕生の源となった3人の天才セラピストの一人、精神分析医のフリデリック・パールズと、妻でゲシュタルト心理学者のローラ・パールズ、ポール・グッドマンらによって生み出された**ゲシュタルト療法**です。

旧来の心理療法のように、トラウマや問題についてただ話すだけではムダだと考えたパールズは、"未完結"になっている問題やトラウマを「いま、ここ」で、再体験することをクライアントにすすめました。

NLPの手法として紹介されることの多い「ポジション・チェンジ」もこのゲシュタルト療法のメソッドのひとつです。過去の出来事を再体験することで、その時自分が置かれていた状況を客観的に見ることができたり、相手の立場に立って振り返ることができます。そうすることで出来事に対する意味づけが変わったり、とらえ方を変えることができるため、現在抱えている問題を改善することができるのです。

身体を通じて気づきを得る

ゲシュタルト療法では、クライアントの身体感覚にアプローチします。セッションの例をあげてみましょう。

10-3　ゲシュタルト療法

カウンセラー：今、胸に手を当てましたね。何を感じていますか？
クライアント：深い悲しみです。（大きなため息をつく）
カウンセラー：そのため息は何を伝えたいのでしょう？
クライアント：どんなにアピールしてもお母さんは振り向いてくれない（涙）

　私たちの心の状態は、身体の動きや呼吸などに現れます。そこでこのような身体感覚に目を向けてもらう言葉がけをすることで、頭で考えているだけでは出てこなかった、深い部分に眠っている心の声を引き出すことができるのです。

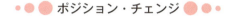
ポジション・チェンジ

君が反抗的な態度を取るから、つい冷たくしたくなるんだ。

なんだ!オレに原因があったのか…

自分　　上司役（自分）

視点を変えると相手の気持ちが分かる

10.4 NLP（神経言語プログラミング）

NLPは、対人援助職やセールスパーソンなど、コミュニケーション能力が仕事の成果にダイレクトに反映される職業の人々が、よく学んでいるメソッド。これを用いることで、相手に安心感や親しみを感じてもらうことができます。

モチベーションを上げる

NLP*は、1970年代に米国で活躍していた、ゲシュタルト療法のフリッツ・パールズ、家族療法のバージニア・サティア、そして催眠療法のミルトン・エリクソンという3人の天才セラピストの治療方法を、大学の助教授であったリチャード・バンドラー、そして大学で心理学を専攻していた学生のジョン・グリンダーが研究し、体系化したものです。

短期間で治療を完了する"ブリーフセラピー"の一種で、当時社会問題となっていた、ベトナム戦争の帰還兵が訴える心理的症状を緩和するために用いられました。

NLPのスキルの中でもポピュラーなものに、「アンカリング」という手法があります。最高のパフォーマンスを発揮した時の状態を瞬時に再現できるスイッチを作っておくというもので、たとえば大リーグで活躍するイチロー選手が、バッターボックスでバットを前方に突き出すポーズを見せるのも、アンカリングであるといわれています。

この手法はスポーツの試合はもちろんのこと、プレゼンテーションなど、ビジネスにおける重要な場面でも活用されています。

コミュニケーションを円滑にする

相手の心を開く話の聴き方や、気づきを促す質問の方法といった、コーチングにおける大切なエッセンスは、このNLPから採り入れられています。

中でもとりわけコミュニケーションに有効なのは「キャリブレーション」の技術。簡単にいうと「相手を観察する」技術です。

このスキルを磨くことで、会話中の相手の反応や変化を逃さずキャッチするこ

＊NLP Neuro Linguistic Programmingの略。

とができます。すると相手の気持ちの変化に合わせて自分のコミュニケーションの取り方をコントロールすることができます。

　たとえば、あなたが「おはよう！元気？」と声をかけたら、相手が無表情かつ低い声で「おはよー。元気だよ」と応えたとしましょう。いつもと違うそんな様子に気づくことができれば、「どうしたの？なんか元気なさそうだね」と声をかけることができます。もし相手に何か悩み事があったり身体の具合が良くなかったとしたら、「この人は良く私のことを分かってくれている」とあなたに信頼を寄せることでしょう。

　キャリブレーション能力が上がることで人の状態や変化に気づけるようになると、その場にふさわしい対応ができるようになり、円滑な人間関係を築くことができるのはもちろんのこと、ビジネスで高い成果を上げることもできるようになります。

10.5 ブリーフセラピー（短期家族療法）

コーチングのベースになっているのは、米国生まれの解決志向のカウンセリングメソッドです。一般的にコーチングが昔の精神分析のように"問題の原因を探らない"のは、このブリーフセラピーの流れを汲んでいるからです。

システムに着目する

ブリーフセラピーは、社会人類学者、**グレゴリー・ベイトソン**の理論と、米国の天才心理療法家、**ミルトン・エリクソン**のテクニックを元に発展してきた心理療法です。

中流・下流階級のクライアントが公費で3回だけ無料で面接を受けられる制度があったため、短期間で解決することが求められたのがそもそもの始まりです。従来の原因追究型の精神療法とは対称的で、解決に焦点をあてるメソッドであり、たった数回の面談で問題が解決されることから、欧米で広く用いられるようになりました。

「問題を引き起こし継続させている"システム"のパターンを把握して、その悪循環を切る」というのがブリーフセラピーの柱となる考え方です。

ブリーフセラピーの主な技法

●リフレーミング

入社した会社が毎回倒産の憂き目にあい、転職を繰り返している女性がいたとしましょう。「私はなんてついてないんだ。友人たちは安定した会社で楽しくしあわせに過ごしているのに、自分だけいつも不安や焦りを抱えている」と思っているその人に「入った会社がいつも倒産することで、何かプラスになっていることがあるとしたら？」と問いかけるのが**リフレーミング**。その質問によって彼女は「常にチャレンジせざるを得なくて、かなりいろんな能力を身に着けてきた」ということに気づくことができるかもしれません。すると本人の不平不満が緩和され、自分の置かれている状況を少なからず肯定的に受け止めることができるようになります。つまり物事を見る枠組みを変える方法が、リフレーミングなのです。

●パラドキシカル・アプローチ

あえて望んでいることと真逆のアプローチを行うこと。たとえば「うちの店の前で、若者たちが夜な夜な大騒ぎしていて困る」と悩んでいるコンビニのオーナーがいたとしましょう。オーナーがその若者たちにあえて「騒いでくれてありがとう。これからも毎晩騒いでくれ」と伝えるとどうなるでしょうか。恐らく若者たちの気持ちに変化が生じるはずです。そこで今度は彼らにお金を渡して、「これをあげるから毎晩1時間騒いでくれ」と伝えます。騒ぐことをお願いされ、さらには仕事として義務化されてしまった若者たちは、やがて店の前から消えてしまいます。このような"やめてほしいことを逆にやらせる""やってほしいことを逆にやらせない"ことで望ましい方向に相手を導くことを**パラドキシカル・アプローチ**といいます。

●コミュニケーションルートを変える

ある引きこもりの男子大学生がいたとしましょう。彼は父親のことを嫌っています。「たまには誰かと出かけたらどうだ」という父親の言葉に、彼は「うるさいな」と耳を貸そうともしません。ある時お母さんが彼にこう言いました。「お父さんはね、いつも口うるさいけど、あなたのことが大好きなのよ。不器用だから愛情表現が下手だけど…決してあなたを支配したいわけじゃないのよ」。すると彼の心に変化が起こり、父親の話に少しずつ耳を傾けるようになりました。直接ではなく間接的に父親のメッセージを伝える。つまり、**コミュニケーションルートを変える**ことで変化が起きたわけです。

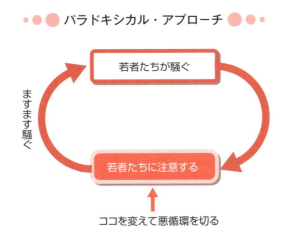

パラドキシカル・アプローチ

10.6 ソリューション・フォーカスト・アプローチ

ブリーフセラピーのひとつとして発展してきたコミュニケーション技法です。問題の原因を掘り起こすのではなく"うまくいっていること"を探し、それを解決の糸口にします。技法が単純明快で使いやすいので、コーチングセッションでよく用いられます。

明るい部分に目を向ける

ソリューション・フォーカスト・アプローチ*は、1978年に**インスー・キム・バーグとド・シェイザー**が設立したBFTC*で開発された心理療法。「もしうまくいっているなら、変えようとするな」「もし一度やって、うまくいったのなら、またそれをせよ」「もしうまくいっていないのであれば、違うことをせよ」という3つのルールに則って行われます。

ポジティブな面に意識を向けてもらうこと、クライアントをコンプリメント（評価・賞賛）することを重要視しているのが特長です。

面接の5つのステップ*

●ステップ1：セラピスト―クライアント関係の査定

クライアントを**ビジタータイプ**（無理やり連れてこられている人など）、**コンプレイナントタイプ**（原因をまわりのせいにして不平不満を言うタイプ）、**カスタマータイプ**（解決のために積極的に動く意志のあるタイプ）の3タイプに分類し、それぞれに応じた対応をします。

●ステップ2：ルールについての話し合い

"どうなれば解決したといえるのか"について話し合います。

●ステップ3：解決に向けての有効な質問

＊ソリューション・フォーカスト・アプローチ Solution Focused Approach
＊BFTC Brief Family Therapy Centerの略。
＊面接の5つのステップ 森俊夫・黒沢幸子著「森・黒沢のワークショップで学ぶ 解決志向ブリーフセラピー」（ほんの森出版）に掲載されている5つのステップより。

10-6　ソリューション・フォーカスト・アプローチ

①ミラクル・クエスチョン

「眠っている間に奇跡が起こり、解決しました。すると翌日はどんな状態になっているでしょう？」と質問。そして1日の様子を具体的に描写してもらいます。

②例外探し

たとえば「ずっと不眠で困っている」というクライアントには、直近の1、2週間の生活について質問し、事実を確認。眠っている日（例外）を見つけます。

③スケーリング・クエスチョン

「一番いい時の状態を10点として、最悪の時を0点としたら、今は何点ですか？」という質問をします。クライアントが「3点」と答えたなら、その「3点」が具体的にどんなことなのかを質問します。リソースを探すのが目的です。

④治療前変化

予約時から当日までの間に、起こった変化について尋ねます。

⑤コーピング（サバイバル）・クエスチョン

状況が非常に大変な時に使う質問。「そんな大変な状況の中で、よく今日まで投げ出さずにやってこられましたね。一体どうやって生き延びてこられたのか教えてもらえますか？」と投げかけ、クライアントのリソースを引き出します。

●ステップ4：介入

クライアントの考えや行動に対して「それはいいですね」というふうにコンプリメントを行ったり、変化を観察するという課題を出します。またうまくいっていることは、さらにやってもらい（Do more）、うまくいかない時には何か違うことをやってもらいます（Do something different）。

●ステップ5：ゴールメンテナンス

2回目以降のセッションで、クライアントの状態が良くなっていない場合"ゴール"（解決像）を再確認します。

10_7 ナラティブ・セラピー

ナラティブ・セラピーは"人"そのものを問題視するのではなく、"問題"と"人"を切り離し、人を尊重するメソッドです。この手法を用いると、クライアントが自分を責めることなく、コーチと二人三脚で、自分の抱える問題により少ないストレスで対処できるようになります。

経験に与えている意味を知る

ナラティブ・セラピーはセラピストが主導権を握るのではなく「人は誰もが自分の人生の専門家である」という考え方を基本にした、クライアントを尊重するメソッドです。

同じ出来事が複数の人の身に起こっても、"一人一人にとっての物語"はそれぞれ違います。トラブルだらけで心休まる間もなかった過去を、ツラくて悲しい物語として語ることもできますが、果敢に闘ってきた冒険物語として語ることもできます。

ナラティブ・セラピーは、これまで問題を中心とした物語を語っていたクライアントが、"こんなふうに生きたい"と思える新しい物語を語ることができるよう、さまざまな質問を用いてサポートします。

人を問題視しない

私たちは問題が起きると「あの人が悪い」「あの人が原因だ」と、"人"そのものを問題視しがちです。たとえば自分を「うつ」だと思っているクライアントは「私はうつなので、外出がおっくうです」と表現するでしょう。

ナラティブ・セラピーにおいてセラピストは「"うつ"があなたの外出を難しくしているのですね」というふうに、問題を"擬人化"します。そして次のように、"擬人化"された問題について探求します。

セラピスト（以下T）：うつはあなたについて何と言っているのでしょう？

クライアント（以下C）：私を仕事のできない人間だって言うんです。そして私が仕事をしようとすると、止めようとするんです。

10-7 ナラティブ・セラピー

T：どうやって止めるんですか？
C：「どうせやったってロクな成果が出ないさ。お前には難し過ぎるんだから。失敗して怒られるのがオチなんだから、大人しくしておいた方がいいよ」って言うんです。
T：どんなふうに言うんですか？ 声の大きさとか話し方とか。
C：耳元でささやくように言うんです。意地悪っぽく。ネチネチと。
T：いつも意地悪っぽくてネチネチしているんですか？
C：そう、いつも。特に新しい仕事やプロジェクトの時に、しつこくささやいてきますね。
T：うつはどんな時にやってくるんですか？ 合図とかあるんですか？
C：ヤツがやってくる時は、頭痛がするんです。

　セラピストがこのように、問題を擬人化して探求する質問をすることで、問題はさらに人から引き離され、外在化が進みます。人に何らかのレッテルを貼ったり、病人扱いをすることは人生の質を低下させます。たとえば「私はうつだから」というふうに、病気そのものをアイデンティティと考えてしまう人も少なくありません。問題の外在化を進めることで、新しい立場から、自分やまわりの人たちとの人間関係について考察することができるようになるのです。

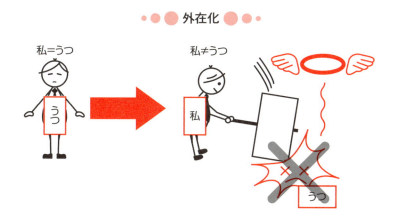

●●● 外在化 ●●●

第11章

コーチが学んでいる心理学メソッド・関連手法

プロコーチは、個人セッションの成果を上げるため、そしてより効果的なセミナーコンテンツ作成のために、さまざまなメソッドを学んでいます。自分のコンディションを整えるもの、クライアントとの対話をより豊かにするもの、そしてクライアントがより深く自分と向き合うためのものなど、用途に応じて使い分けましょう。

個人セッションやセミナーの質を高める各種メソッド

コミュニケーション
- アサーション

分析系
- EQ
- ストレングス・ファインダー
- 交流分析

深層心理
- ヒプノセラピー・催眠療法
- トランスパーソナル心理学
- ハコミセラピー（マインドフルネス）
- フォーカシング
- 瞑想

モチベーション
- ソース
- アファメーション

創造性
- インプロ

グループ向け
- グループコーチング
- アクションラーニング
- ファシリテーション
- プロジェクトファシリテーション

プロコーチが活用している、各種メソッドの概要

グループコーチング	コーチ1人と複数の参加者が取り組むもの。質問に対して回答するというプロセスで目標達成や課題解決を行いながら、メンバーの協働意識を強化することができるメソッド。
アクションラーニング	グループコーチングのスタイルで行い、プロセスの中で学ぶことを重視する。メンバー全員が質問をしなくてはならないというルールがあるため、仲間の話に耳を傾けようという意識が高まる。
ファシリテーション	会議の場などで、発言を促したり、話の流れを整理したり、参加者の認識の一致を確認したりすること。これを行うファシリテーターは、議論の内容に対して中立・公平な立場を取る。
プロジェクトファシリテーション	組織、人材の力を引き出して、プロジェクトを全体最適なゴールへと導くこと。モチベーションアップやコミュニケーションの改善を行い、チーム力を上げることが目的。
EQ	「心の知能指数」と呼ばれる指標。「共感力」「対人受容力」「自己認識力」「ストレス共生」「気力創出力」「対人関係力」「アサーション」「自己表現力」という8つの能力から、コミュニケーション能力を判断する。
アファメーション	「肯定的自己宣言」を習慣的に行う方法。「私はとても豊かです」といった望ましい状態を日常的に唱え、実現することを目的とする。
ヒプノセラピー(催眠療法)	変性意識状態に入って潜在意識とつながり、心の深いレベルでの気づきや変化を可能にするメソッド。催眠のメソッドには、大きく分けて「古典催眠」と「エリクソン催眠」がある。
ソース	誰もが自分の中に持っている"ワクワクの源泉"を発掘するプログラム。本来の自分がどんな生き方を望んでいるのかを探り、それを実現するためのサポートを行う。
ストレングス・ファインダー	34個ある人の強みのうち、優位を占める5つを見つけて伸ばしていくことを推奨するメソッド。200万人以上に対して行った調査結果をベースにしている。
インプロ	元々は役者の即興力を磨くためのメソッド。既成概念にとらわれず、その場の状況に応じて、そこにいる人たちと共にストーリーをつくる。
交流分析	親から影響を受けて身につけた価値観「P」(ペアレント)、現実に適応する「A」(アダルト)、子供のままの部分「C」(チャイルド)といった3つの「自我状態」によって、自分や他人を客観的に分析できるメソッド。
トランスパーソナル心理学	人が自己実現した後に、何を求めるのか。他人や社会への貢献、そして大いなるものとの一体感を感じる、そんな境地へ進化するための学問。
ハコミセラピー(マインドフルネス)	おだやかな心で、自分の内面で起きていることを、ありのままに観察していくメソッド。安心安全な環境の中で、自分と向き合うプロセスをていねいにサポートする。
フォーカシング	身体の感覚を通じて心の声を聴く心理療法、自己理解のメソッド。自分の中にある感覚や感情を認めてともにいることで、気づきを促す。
アサーション	自分も相手も大切にしながら、自分の意見や考えや気持ちを率直に、その場にふさわしい形で表現するスキル。コミュニケーションが苦手な人、上手に自己表現ができない人のために、適切な自己表現方法を教えてくれる。
瞑想とグラウンディング	心身の健康を促進したり、自分の力や真の自己に目覚めたり、大いなる存在とつながることなどが、瞑想の主な目的。地球とつながり、地に足のついた状態にするのがグラウンディング。

11-1 グループ・コーチングとアクション・ラーニング

歴史的背景は異なりますが、どちらも組織におけるチームの課題解決や目標達成のために、主に「質問」を活用して行うメソッドです。課題解決をしながら"学習する"という点がアクション・ラーニングならではの特徴であるといえるでしょう。

グループ・コーチング

パーソナル・コーチングが個人の目標達成や課題解決を目的に1対1の対話で行われるのに対し、**グループ・コーチング**は小集団の抱えるテーマや課題に対し、コーチ1人と複数の参加者が取り組むものです。コーチがグループに対して質問をしたり、メンバーどうしでコーチングを行いながら、"共に力を合わせて課題に取り組んでいるんだ"というメンバーの協働意識を強化し、コーチングを組織文化として定着させることのできるメソッドです。

サービス提供者によってその概念には差がありますが、プロコーチがグループの舵取りをする方法のほか、上司がコーチ役を担い、部下グループのポテンシャルを引き出すという組織内での活用方法もあります。

プロコーチが企業に提供するプログラムの一環として、このグループ・コーチングを扱うこともあるほか、公開イベントとして一般の人々を集め、キャリアアップや人生の課題をテーマとして扱うこともあります。

アクション・ラーニング

アクション・ラーニングは、効果的な課題解決とチーム力の強化を同時にかなえる会議のメソッドです。終身雇用制が崩壊し成果主義が導入されるなどで、組織における家族的な一体感が希薄になった昨今、アクション・ラーニングは、組織のコミュニケーション活性化に大きな役割を果たしてくれるでしょう。

アクション・ラーニングの権威である、ジョージワシントン大学大学院教授の**マイケルJ. マーコード**氏は、同大学において人材開発学博士号を取得後、独自のセオリーをもとにアクション・ラーニングを用いた人材開発プログラムを完成させました。

11-1 グループ・コーチングとアクション・ラーニング

　アクション・ラーニングでは、"アクション・ラーニングコーチ"が会議の進行役を担当します。問題解決には直接関与せず、チームが共に考えることを促すのが特徴です。「リーダーシップを高めたい」「自律的な変革型組織を作り出したい」「組織の変革と個人の育成を同時に実現したい」といったニーズに応える手法です。

　一般的な会議では、テーマや課題に対してメンバーが個々の意見を述べます。そして、他のメンバーがそれに対しての見解や意見を述べていく形で進められます。ところがこのアクション・ラーニングでは、参加者の自発的な意見が禁止されており、発言はすべて「質問」かそれに対する「答え」でなくてはならない、というルールになっています。そしてしかも全員が質問をするというルールがあるため、メンバーはしっかり他のメンバーの話を聞くようになります。そうすることでチームのコミュニケーションが深まり、問題解決に対するコミットも高まるという効果が期待できるのです。

●●● グループ・コーチング、アクション・ラーニング ●●●

11-2 ファシリテーションとプロジェクトファシリテーション

「ファシリテーション」は、中立的な立場のファシリテーターが、組織やグループの話し合いの場を合意に導く技術のことです。ここでは、一般的なファシリテーションと、プロジェクト運営で活用されているプロジェクトファシリテーションについて解説します。

ファシリテーション

ファシリテーションとは、組織内の会議の場などで、発言を促したり、話の流れを整理したり、参加者の認識の一致を確認したりすることです。お互いの理解を促進して合意形成へ導き、組織を活性化させる効果があります。このファシリテーションを行う人をファシリテーターといい、議論の内容に対して中立・公平な立場に立って会議などを進める役割を果たします。

これまでのリーダー（議長）は会議の内容にも運営プロセスにも強い指導力を発揮していましたが、ファシリテーターは会議の内容についてはメンバーにまかせ、自分は運営プロセスのみにリーダーシップを発揮する、いわば"黒子"的存在です。研修やワークショップの講師は、このファシリテーションスキルを身につけることで、受講者の発言を中立的な立場で扱い、学びを深めることができます。特に、受講者参加型の研修やワークショップを行うことの多い講師・コーチは、このファシリテーション能力を身につけておくと良いでしょう。

また、このファシリテーションはかなりの傾聴力や質問力が要求されるメソッドなので、コーチングを学んだ人がファシリテーター役を担うと、そのリソースを十二分に活かすことができるでしょう。

プロジェクトファシリテーション

「協働のプロセスに積極的に介入し、組織、人材の力を引き出すことで、プロジェクトを全体最適のゴールへと導くこと」がプロジェクトファシリテーションの定義とされています。費用やスケジュールをコントロールして、成果物を完成させる

11-2 ファシリテーションとプロジェクトファシリテーション

ことが目的である「プロジェクトマネージメント」に対して、「プロジェクトファシリテーション」は、参加メンバーのモチベーションアップやメンバー間のコミュニケーションの改善を行い、チーム力を上げることを目的にしています。主にソフトウエア開発の現場で活用されていますが、業界を問わず活用できる手法です。

プロジェクトファシリテーションにおいて重要な要素のひとつとして「見える化」があげられます。特にソフトウエアなど目に見えないものを作るプロジェクトにおいて、関係者全員がひと目で進捗状況を把握できるようにしておくことは、トラブルを避け、効率を上げるのに効果的です。他にもメンバーがお互いの気持ちを共有するための仕掛けや、短時間で情報共有できる効果的なミーティングの手法など、会議の場のみならず、プロジェクト全体のコミュニケーションを促進するメソッドがプロジェクトファシリテーションなのです。

11-3 EQ

ビジネスの現場で成果をあげるためには、知識や仕事の能力のほかに、いい人間関係を構築できるスキルが必要となります。EQは、ビジネスに必要な心の知能指数。客観的に自分の対人関係能力を把握し、改善するための指標になるメソッドです。

ビジネスの成功者に共通するのは?

EQ*理論は、1990年に米国の**ピーター・サロベイ**博士と**ジョン・メイヤー**博士によって研究・開発されました。記憶力、判断力といった"頭の良さ"を表す、知能指数(**IQ***)に対して、EQは「心の知能指数」と呼ばれています。他人とうまく協調して、円滑に社会生活を送るための能力を判断する指標であるといえます。

いくらIQが高くても、EQが低くて感情のコントロールが難しかったり、他人の気持ちを思いやることができないようでは、周囲の人たちとうまくつきあっていくことができません。ビジネスの世界では、IQの高さよりもむしろEQの高さで成功している人が数多く見られます。まわりの人たちから引き立てられる人、目をかけてもらえる人、人が集まってくる人はEQが高いといえるでしょう。自分の感情の動きを客観的に把握することができ、人の気持ちを汲み取り、共感的姿勢で接することができているかどうか。そういったことをジャンル別項目別に点数で知ることができるのがEQの各種アセスメントツールです。EQを高めることは、人それぞれが持っている能力を最大限に活かし、より良い人間関係をつくるための重要なカギになります。

何がわかるのか

EQの指標は「状況判断知性」「心内知性」「対人関係知性」という3つのカテゴリーに分類されており、「共感力」「対人受容力」自己認識力」「ストレス共生」「気力創出力」「対人関係力」「アサーション」「自己表現力」という8つの能力、それらをさらに細分化した「24の素養」で構成されています。**EQI***診断を受け、250個の設問に答

＊IQ Intelligence Quotientの略。
＊EQ Emotionally Intelligence Quotientの略。
＊EQI Emotional Intelligent Quotient Inventoryの略。

えることで、それらが結果としてグラフとレーダーチャートで表示されます。

　EQを学ぶことで、クライアントにアセスメントを提供したり、企業研修などでコーチングと組み合わせたプログラムを提供しているプロコーチもいます。

　自分のコミュニケーション能力や感情のコントロールについて、アセスメントを受けることで、普段何となくつかんでいる自分の考え方や行動の傾向がより明確になります。そうすることで、自分の強みと改善点が浮き彫りになり、より効果的な自己成長のためのアクションプランを作成することができるでしょう。また、組織内でEQI診断を行うことで、より的確な部下指導のためのツールとして活用することができます。

対人関係能力が高いと、ビジネスで成果をあげることができます。

状況判断知性		心内知性			対人関係知性		
共感力	対人受容力	自己認識力	ストレス共生	気力創出力	対人関係力	アサーション	自己表現力

11-4 アファメーション

「ありがとう」「楽しい」「うれしい」など、ポジティブな言葉を口にすると、気持ちのいいものです。アファメーションは自分が求めている状態を「すでに実現している」というスタンスで表現し、習慣化することで、よりよいセルフイメージを手に入れる方法です。

言葉の影響力は絶大

潜在意識は、私たちのセルフイメージの醸成に大きな影響を与えます。つまり、私たちが潜在意識に日々どんな言葉をインプットするかによって、人生の質が大きく変わるのです。

よく人から言われた言葉がトラウマになったり、飛躍のきっかけになったりすることがありますが、一番大事なことは、日々自分が自分に対してかける言葉を吟味すること。

それは声に出して言う言葉だけではありません。心の中のつぶやきにも同じぐらいのインパクトがあるのです。

たとえば「私は何ていい声なんだ！」と思っているとしましょう。自分が声を出すたびに心の中で「私は何ていい声なんだ！」とつぶやきます。繰り返すたびにますます自分の声にほれ込んで、どんどん話す時の態度が堂々とのびのびとしたものになっていくでしょう。

ところが反対に「私は何てひどい声なんだ！」と思っていると、自分が声を出すたびに心の中で「私は何てひどい声なんだ！」とつぶやくことになります。すると繰り返すたびにますます自分の声がイヤになって、話す時の態度も卑屈に、声も弱々しくなっていくはずです。

アファメーションの方法

アファメーションは、ポジティブなセルフイメージを手に入れるための、とてもシンプルで効果的な方法です。

具体的には「私はとてもしあわせです」「私はエネルギーで満ちあふれています」といった「肯定的自己宣言」を行います。望ましいセルフイメージを、①肯定的表

現で、②一人称で、③現在形もしくは現在進行形で表現し、毎日声に出して読んだり、書いたりする習慣をつけるというものです。

　この習慣を身につけることで、自分の潜在意識に望ましいセルフイメージを定着させることができ、望ましい人生を手に入れることができるというのがアファメーションの考え方です。

　たとえばコーチであれば、クライアントのセルフイメージを上げる方法として、このアファメーションに取り組んでもらうという活用方法があります。

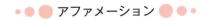
アファメーション

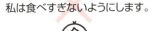
私は食べすぎないようにします。

私は腹8分目で満足します。

否定的な表現ではなく、肯定的な表現にします。

やせたい。

私はスリムです。

願望ではなく、「今そうである」という表現にします。

11-5 ソース

人の可能性を引き出し、その人が自分らしくイキイキとした人生を送ることをサポートするのが"コーチング"です。ソースは、そんなコーチングとの親和性が非常に高いプログラム。ワークショップや教材を通じて、人それぞれの"ワクワクすること"を発掘します。

ワクワクを見つける

「ユダヤ人大富豪の教え」の著者である本田健氏は、しばしば「ワクワクすることをしよう！」と提案しています。つまらない仕事をイヤイヤやっていると、モチベーションが下がり、成果もあがりにくくなりますが、"ワクワクする"仕事をしていると、誰もがエネルギッシュになってイキイキと輝き、成果もあがるものです。

「ソース」とは、誰もが自分の中に持っている"ワクワクの源泉"のこと。このプログラムは、本来の自分がどんな生き方を望んでいるのかを探り、そして本人が望む生き方をするために背中を押す役割をしてくれるものです。

ソースは、創始者**マイク・マクナマス**が35年間かけて作りあげ、全米で2万人の生き方を変えたプログラムです。マイク氏は、ワシントン大学教育学部の大学院に在籍時、児童教育を学んでいました。その時に中学校の問題児を再教育するにはどうすれば良いか、と考えたことが「ソース」誕生のきっかけになったのです。

教育現場で実証された効果

マイク氏は、素行が悪かったり、欠席日数が多いなど、教師たちを手こずらせている生徒たちを集めて、独自のカリキュラムで再教育しようという実験をしました。

するとなんと、マイク氏が受け持った生徒には、まったく欠席者が出ませんでした。それぞれの生徒が一番ワクワクすることを見つけて、一人一人個別にカリキュラムを組んだ結果、生徒たちは喜んで積極的に授業に参加したのです。

たとえば暴力を振るって恐れられていたある男子生徒が、ボクサーになりたいという夢を持っていると知ったマイク氏は、彼に「ボクシング」という月刊誌を与

えて教科書代わりにしました。すると彼はイキイキとしてボクシングの歴史を勉強し、雑誌に出てくる単語を勉強するなどして、必須科目をクリアしたのです。

　そんな実験から生まれたソースでは「自分らしい生き方をしないのは、本人だけでなく社会にも"損失"である」と考えます。

　日本では、日本人の文化や社会に適合させたより実践的な内容のプログラムが提供されており、1999年末の発売以来2009年までに日本でも6500人以上が自宅学習キットやワークショップで学んでいます。

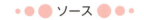

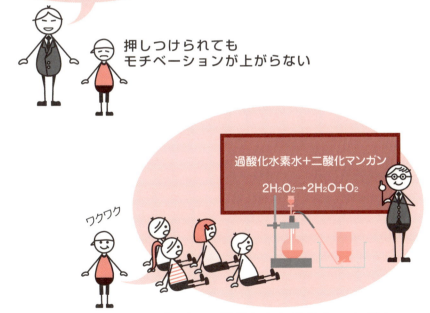

11-6 ストレングスファインダー

コーチングは「その人の強みを見出し、十二分に活かしてしあわせな人生を手に入れてもらう」というメソッドです。そんなコーチングとコンセプトを同じくするストレングスファインダーは、多くのコーチに支持され、しばしば補助ツールとして活用されています。

強みをクローズアップする

私たち人間は、ともすれば自分の弱点に目を向けてしまいます。これまで学校や職場でさんざん自分の"問題"についてあれこれ批評を受けてきたというのも大きな要因です。

また、私たちが生きている究極の目的は、生存し続け、自分のDNA*を残すことです。そのため、他者との競争に勝ち生き残ろうとする本能が働きます。ですから他人が持っていて自分にはない資質、あるいは弱い部分があると、そこをついカバーしたくなるのでしょう。

ストレングスファインダーは、心理学者であり、アメリカの調査会社ギャラップの元会長である**ドナルド・O・クリフトン氏**が、2001年に発売された著書「**さあ、才能（じぶん）に目覚めよう**」の中で紹介しているメソッドです。

綿密な分析に基づくセオリー

1960年代、大学で心理学を研究していたクリフトン氏は、保険会社と協力して、どんな人が優秀なセールスパーソンなのかを調査しました。優秀なセールスパーソンには共通する強みがあることに気がついた彼は、研究の対象を学校の先生などにも広げていきました。その後、先生や看護士、セールスパーソンや企業の最高経営責任者（CEO*）など幅広い分野の人物200万人超に「強み」に関するインタビューが行われた結果、あるパターンが発見されました。それは、突き詰めると人の強みは34に集約されるということです。当初、200ほど項目がありましたが、調査に調査を重ね、結果を綿密に分析する中で、重複するものなどを整理した結果が**34の強み**なのです。これらの強みのうち優位を占める5つを発見し、伸ばしていこうというのが「さあ、才能（じぶん）に目覚めよう」で書かれていること。

＊ DNA Deoxyribonucleic acidの略。
＊ CEO Chief Executive Officerの略。

11-6 ストレングスファインダー

その5つを見つけるのが、ギャラップが開発した「ストレングスファインダー」という強み発見のツールです。これまでに世界で1000万人以上が受験し、日本人の受験者数は常にトップだといわれています。

●●● ストレングスファインダー ●●●

34の強み

アレンジ　運命思考　学習欲　活発性　回復志向　共感性　競争性　規律性　原点思考　公平性　個別化　コミュニケーション　最上志向　自己確信　社交性　自我　収集心　指令性　信念　慎重さ　責任感　親密性　達成欲　成長促進　戦略性　着想　包含　調和性　適応性　内省　分析思考　未来志向　目標志向　ポジティブ

11-7 インプロ

コミュニケーションは、瞬間、瞬間が即興劇のようなものです。特に、クライアントの考え方や変化に対して柔軟に対応する能力が求められるコーチングでは、その即興力を養うことで、クライアントの満足度を大きく高めることができるでしょう。

役者の即興力を磨くプログラム

インプロとは、インプロヴィゼーション（即興）の略語。既成概念にとらわれることなく、その場の状況・相手にすばやく柔軟に対応して、その場にいる人たちと共にストーリーをつくっていくことを表します。演劇、音楽、美術、ダンスなどさまざまな芸術分野に取り入れられていますが、最近では、コミュニケーション能力や自己表現力を磨くためのメソッドとして、企業研修や学校教育の場でも注目されています。

インプロは古代ギリシャ・インドで行われていた宗教的な演劇に端を発するもので、その後、一般大衆に向けたインプロ演劇としてヨーロッパ各地に拡大しました。1920年代のアメリカでは、教育者・社会学者である**ネバ・ボイド**により、精神的・社会的に問題のある人たちの治療のために自己発見・コミュニケーション能力開発のツールとして用いられていました。1930年代には演劇人向けのカリキュラムとして紹介されるようになり、インプロは社会学、生理学、心理学の理論を取り入れながらさらに発展したのです。

クライアントを意図的に誘導するのではなく、クライアントに寄り添いながら協働作業を行うコーチングでは、相手の世界観やリソースを最大限に活かす必要があり、非常に即興性や創造性が求められます。そこでこのインプロのメソッドが役に立つと考え、多数のコーチが学んでいます。

自己表現の幅が広がる

インプロのワークショップは、300を超えるインプロ・ゲームを体験する形で進んでいきます。ゲームは、クリエイティブなアイデアや自分の意見を、楽しみながら自由に表現することができるよう、さまざまな工夫が凝らされています。そ

11-7 インプロ

のため、これまでの社会生活で身につけてきた常識や、日頃の思考の枠組みを取っ払うことができ、自然に豊かな自己表現力を身につけることができるのです。また、仲間と協力しあう楽しさを体験することで、協調性の大切さ、個性を尊重しあうことの大切さを学ぶこともできます。

ゲームの一例　　イエスアンド

ABの二人組みで行います。

AがBにどこかへ遊びに行く提案をします。Bは相手のオファーを受け入れ、さらにそれに付け加えるオファーをします。

A:ダイビングに行こうよ!
B:いいね!私のタイムマシンを使おうよ!
A:素敵!おうむ貝を見てみたいな。
B:じゃあ、出発だ!連れて帰れるように水槽も持っていこうね。
A:賛成!あれ〜?海の中に宇宙人がいるよ〜!
B:未来に来ちゃったみたいだ。

相手の考えや世界観を尊重し、一緒に会話を作っていくことの楽しさや協調することの効果を体感できます。

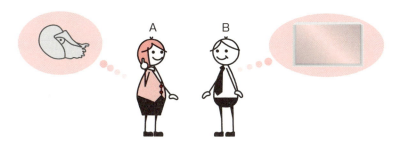

コーチが学んでいる心理学メソッド・関連手法

11.8 交流分析

交流分析は、人と人との関係性の理解に役立つ、明快で分かりやすい心理療法理論です。図やグラフで人と人の関係性や人の心理状態を把握できるので、研修やワークショップでも活用しやすいメソッドです。

心の中にある3つの要素

交流分析はアメリカの精神科医**エリック・バーン**によって生み出されたメソッドです。人は誰でも心の中に、親から影響を受けて身につけた価値観「P」（ペアレント）、**現実に適応する役割**の「A」（アダルト）、子供のままの部分「C」（チャイルド）といった3つの部分を持っているという考えをベースにしています。「P」はさらに、厳しさや正義感をあらわす**「CP***」（**批判的な親**）と、思いやりや受容的な態度をあらわす**「NP***」（**養育的な親**）に分類され、「C」はさらに、**「FC***」（**自由な子供**）と**「AC***」（**順応的な子供**）に分類されます。これらの5つの要素がどんなふうにあらわれているかによって自我状態を把握することができるため、自分や他人を客観的に分析することができ、人間関係の改善に役立てることができます。

5つの要素の相互関係を見るエゴグラム

私たちのパーソナリティを構成している「CP」「NP」「A」「FC」「AC」、これら5つの要素の相互関係を表した「**エゴグラム**」を作成することで、性格的傾向、長所と短所、起こりがちな問題と対策、職業の適性など、さまざまなことが分かります。

エゴグラムを作成できる質問紙には「**TEG（東大式エゴグラム）**」など、有料で販売されているもの、「**SGE（桂式自己成長エゴグラム）**」などの無料でダウンロードできるものがあるほか、インターネット上で無料診断できるサイトも数多く存在しています。

コーチ自身がエゴグラムを用いて自分を知ることは、自分らしいコーチングス

＊CP critical parentの略。
＊NP nurturing parentの略。
＊FC free childの略。
＊AC adapted childの略。

タイルを考えたり、クライアントへの関わり方を見直したりすることに大変役立つでしょう。また、コーチが交流分析を学ぶことで、クライアントの人間関係改善のサポートツールとして活用することもできます。

交流分析

P	CP	critical parent　批判的な親
	NP	nurturing parent　養育的な親
A	adult　現実に適応する役割	
C	FC	free child　自由な子供
	AC	adapted child　順応的な子供

エゴグラムの例

CP　NP　A　FC　AC

NPとACが高く、面倒見のいいタイプ。頼まれたらイヤといえないお人よし。

CP　NP　A　FC　AC

自己主張が強く行動的。わがままだが無邪気で明るいのであまり憎まれない。

11-9 トランスパーソナル心理学

個人としての自己実現を超えて変化成長することを志向した、トランスパーソナル心理学。コーチがこの考え方を学ぶことで自分自身の向上につながり、さらに深いレベルでクライアントの変化・成長をサポートすることができるでしょう。

個人を超えて

トランスパーソナル心理学は、1960年代末に米国で生まれた心理学の新しい流れ。諸説ありますが"欲求5段階説"で有名なアブラハム・マズローが提唱した「人間性心理学」をベースに、さまざまな心理学者の関わりにより発展してきたと言われています。

人の持つ基本的な欲求が満たされていて自己実現しており、バランスの取れている人たちを対象に、マズローが調査したところ、人間はそれでもなお完全に満足できないところがあるのだ、ということを発見。彼はそれを、肉体を持った有限の自己を超えて、さらに高次元のものに向かいたいという、人間の「自己超越欲求」であると考えました。

トランスパーソナル心理学では、家庭を持つことの幸せや経済的な成功や社会的なステイタスといった世俗的な満足よりもさらに高次元な、個を超えた世界を志向。個人の問題を修復することに主眼を置いてきた西洋の心理学に、つながりや多様性を大切にする東洋思想のエッセンスが加味された考え方であるといえるでしょう。

人間意識の進化段階

米国の現代思想家であり、トランスパーソナル心理学の発展に貢献した**ケン・ウィルバー**は、"人の意識は階層構造になっていて段階的に成長して行き、最後まで昇りつめると宇宙と一体化する"という進化段階論を提唱しました。

(1)プレパーソナル

パーソナルの段階に移行する前のステージ。他人との関係や集団に埋没しており、「個」としての自分を確立する前の状態です。

(2) パーソナル

「個」としての自分を確立した段階。他人や集団への従属から抜け出して、自分の考え、主義主張を持って、自分らしく生きている状態です。

(3) トランスパーソナル

「個」としての自分を確立した後に、第三者や社会に貢献しようという意識で生きているステージ。自分と他人、自分と社会を隔てているものを超えて、大いなるもの、宇宙との一体感を感じている状態です。

●●● 進化段階論 ●●●

11.10 アサーション

コーチングを学ぶと、コミュニケーションスキルが格段に上がります。その変化を自ら体感しているため、数多くのプロコーチが講師としてコミュニケーションスキルを教えています。中でもアサーションは、コミュニケーションを語る上ではずせない基本的な考え方です。

お互いを大切にする

アサーションとは"自分も相手も大切にしながら、自分の意見や考え、気持ちを率直に、その場にふさわしい形で表現する"ことをいいます。

たとえば、買い物をしていてレジ待ちの列に並んでいたとしましょう。自分の前に誰かが割り込んできたとしたら、あなたならどう対応するでしょうか。アサーションの考え方では、対応の仕方によって3つのタイプに分類されます。

ムッとするものの、何も言わずに黙っているのが「ノンアサーティブ」、「並んでいますので、後ろに並んでいただけませんか？」というのが「アサーティブ」なコミュニケーション。そして「何割り込んでるんだよ！ バカヤロウ！」というのが「アグレッシブ」なコミュニケーションという分類です。

人権尊重の理念に裏付けられた考え方

アサーションは、1950年代の米国で、行動療法におけるアプローチのひとつとして誕生しました。人とのコミュニケーションが苦手な人、上手に自己表現ができないため、人間関係がうまくいかず、社会生活でストレスを感じたり問題を抱えやすい人のためのメソッドとして用いられていたのです。

1970年代に入り"Your Perfect Right"（あなたの完全な権利）というアサーションの本がベストセラーになったことで、アサーションが多くの人に知られるようになりました。また1960年代に米国で始まった公民権運動（反人種差別運動）の拡大と共に、アサーションという考え方も広がりました。ノーベル平和賞を受賞した公民権運動の指導者、キング牧師は、非暴力でアサーティブな抵抗活動を通じて、当時差別を受けていた人たちに、人権を取り戻す機会を与えたのです。

その後日本では、心理学者の平木典子氏が米国で学んだアサーショントレーニ

11-10 アサーション

ングを日本人向けにカスタマイズして導入しました。協調性を第一に考え、自己表現を抑えがちな日本人にとって、アサーションは、良好な人間関係づくりに大きく役立っています。

アサーションにまつわる権利は100以上あるといわれていますが、そのうちの基本的なものが、次の5つです。

アサーション権Ⅰ　「私たちは誰からも尊重され、大切にされる権利がある」
アサーション権Ⅱ　「私たちは誰もが、他人の期待に応えるかどうかなど、自分の行動を決め、それを表現し、その結果について責任を持つ権利がある」
アサーション権Ⅲ　「私たちには、間違う権利がある」
アサーション権Ⅳ　「私たちには、支払いに見合ったものを得る権利がある」
アサーション権Ⅴ　「私たちには、自己主張をしない権利もある」

アサーションは、コミュニケーションスキルのセミナーなどを手がけるコーチにとって知っておきたい基本的なメソッド。アサーティブなコミュニケーションを身につけたい人のためのワークショップ形式の訓練プログラムも提供されているほか、トレーナーになるために学習・訓練するプログラムも提供されています。

●●● 自分も相手も大切にしたコミュニケーション ●●●

11-11 ハコミセラピー（マインドフルネス）

コーチはクライアントがじっくり自分と向き合える環境をつくる必要があります。またコーチは自分の心の動きを知り、コントロールすることも大切です。ハコミセラピーによって提供される「マインドフルネス」な意識状態は、コーチにもクライアントにも有効に働きます。

日本人になじみやすいセラピー

　ハコミセラピーは、創始者**ロン・クルツ**博士が、心と身体のつながりに注目する西洋のさまざまな療法に、東洋の人間観を取り入れつつ、自らの豊富な臨床経験に基づいて統合し、今の時代にふさわしい心理療法として創りあげたものです。ハコミでは、「**マインドフルネス**」と呼ばれる自己観察をする意識状態をつくり、「**ノンバイオレンス**」と呼ばれる安全で安心な環境の中で、自分と向き合うプロセスをていねいに、サポートしていきます。

　このような内省的なアプローチ方法や優しくこまやかなセラピーの進め方は、禅や茶道といった文化を育んできた、日本人のメンタリティーになじみやすいものと言えるでしょう。

"まず自分を満たす"という発想の転換

　ハコミセラピーの基盤となる考え方が「**ラビングプレゼンス**」です。通常、コミュニケーションで重要視されているのは「相手に好意を求める前に、まず自分から好意を持て」という考え方ですが、ラビングプレゼンスの発想はそれと大きく異なる斬新なものです。

　他の人の存在を通じて自分にとって必要なものを受け取り、自らを何らかのプラスの価値やエネルギーで満たすのです。そして、自分の中で起きている「いい感じ」を味わい、それを感じる心の状態であり続けることを「ラビングプレゼンス」と呼びます。

　その状態でいると、自然にポジティブな想いが相手に伝わります。なぜならば、自分が"いい感じ"になることで、表情や態度、声の質感などに変化が起こるからです。

11-11 ハコミセラピー（マインドフルネス）

　そのため意識的に相手に共感しようとしなくても、ひとりでに共感的なモードが生まれるので、無理なく自然に相手と良好な関係をつくることができます。

　通常、好意を持てない相手に共感するのは難しいものですが、ラビングプレゼンスはそうした場面でさえも応用ができるのが強みです。たとえば、ちょっとコワもての人と出会ったとしましょう。「何だかコワイなぁ」と思ったとしても、その感情はムリに否定せずそのままにしおきます。その一方で、その人を通じて何か自分に必要な要素(たとえば「底力」とか「ファイト」など)を受け取り、自分の中に湧いてくるパワーを味わってみます。そうして自分が心地よく"いい感じ"になれば、ポジティブな想いが自然に伝わっていき、その人とのコミュニケーションがいい方向に進んでいく、というメカニズムです。

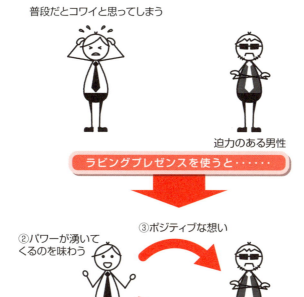

11-12 フォーカシング

私たちは通常、頭で物事を判断しています。フォーカシングは、身体の感覚を通じて心の声を聴く心理療法であり、自己理解のメソッドです。このメソッドを身につけることで、より深いコーチングセッションを提供することが可能になります。

自分に対する気づきを深める

学校や会社へ行く前に、お腹が痛くなる、苦手な人と会う前に胸が苦しくなる、そんな経験を誰もが少なからず持っているのではないでしょうか。身体にそういった変化が起こるのは、その人の本当の気持ちを、身体が代弁しているからなのです。**フォーカシング**は、やさしく身体に意識を向けて「**フェルトセンス**」と呼ばれる微妙な、言葉にしづらいような内的感覚に気づいていくメソッドで、アメリカの心理学者**ユージン・ジェンドリン**が体系化したものです。

コーチングとも非常に親和性が高く、コーチ養成機関の中でも、このフォーカシングの技法を取り入れているところがあります。

私たちは、本当に心から望んでいることに取り組んでいると成果をあげることができますが、自分の本当の望みと相反することをしている時は、パフォーマンスが下がってしまうもの。社会生活を営んでいると「こうしなくてはいけない」「人としてこうあるべきだ」というふうに、自分の気持ちにフタをして行動せざるをえないことがよくあります。そんな時に身体に変調が起きるのは「心の声に耳を傾けてね」というサインだと考えます。

フォーカシングを行うことで、自分が本当に感じていることや望んでいることを知ることができます。自己批判やネガティブな心の声から解放してくれるツールでもあるので、あるがままの自分を受け入れ、認めるための機会を提供してくれることでしょう。

フォーカシングのスキル

　私たちは自分の中にネガティブな感情が湧き上がってきた時、見てみないフリをしたり、抑えようとすることがあります。そこで、フォーカシングでは以下のようなスキルを用いて、心の声に素直に耳を傾け、気づきを深めていきます。

①認める……自分の中にある"感じ"に気づいて認める
②関係を見つける……感情の中に入り込むのではなく、その"感じ"と一緒にいる
③友達のようにいる……興味関心を持って、敬意を払って共にいる
④共鳴させる……気づきがあったら、ピッタリくるか身体に確認してみる
⑤受け取る…… 出てきたものを無視したりしないで、ただ一緒にいるにいる

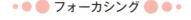
フォーカシング

とても落ち着かないザワザワした気分です。

落ち着かないザワザワした気分に気がついているんですね。よかったら、その落ち着かないザワザワした気分が身体のどのあたりにあるか感じてみましょうか。

クライアント

セラピスト

11-13 ヒプノセラピー（催眠療法）

コーチングでは、クライアントの内面との対話を促しますが、一般的に潜在意識レベルまで扱うものはあまりありません。そこで、クライアントの前進を阻む潜在意識レベルの心の傷や固定観念に対処するために、催眠のメソッドを学ぶコーチが増えています。

潜在意識にアクセスする

ヒプノセラピー（催眠療法）は心理療法の一種で、表層意識レベルにとどまらず、心の深いレベルでの気づきや変化を可能にするものです。催眠とは**変性意識状態**（トランス状態）と呼ばれ、潜在意識とつながっている状態です。

私たちは悲しい経験、苦しい経験をして、心が傷ついて癒されないままになっていると、その経験によってネガティブな信念を作り出し、無意識のうちにその信念に沿った行動を取ってしまいます。

たとえば、幼い頃、嫌なことがあって泣くたびに、親から「ガマンしろ」と怒られた経験を持っているとしましょう。すると、本人は意識していなくても「イヤなことがあってもガマンしなくちゃいけない」という信念をつくり出してしまう可能性があるのです。「なぜだか理由は分からないけれど、いつもガマンしてしまう。それによってストレスがたまる」という問題を抱えている人は、ひょっとするとそのような経験を経て信念をつくっているのかもしれません。

そのような場合、催眠療法では潜在意識にアクセスし、信念をつくるきっかけとなった出来事を見つけます。そしてその出来事の意味や見方を変えるというアプローチを行うのです。

古典催眠とエリクソン催眠

催眠のメソッドには、大きく分けて「**古典催眠**」と「エリクソン催眠」があります。古典催眠というのは「あなたはだんだん腕が重たくなってきます」「だんだんリラックスしてきます」というような断定的な言葉を用いて誘導するものです。

ところが、この古典催眠を用いた場合、誘導者の言葉に抵抗を覚える被験者*も出てきます。いったん「うーん…別に重くなんかなってないけどなぁ」と心の

＊被験者 催眠をかけられる人のこと。

11-13 ヒプノセラピー（催眠療法）

中で思ってしまうと、その後の誘導者の言葉を素直に受け止められなくなる可能性があります。そこで、催眠療法の父、**ミルトン・エリクソン**が編み出したのが「**エリクソン催眠**」と呼ばれている手法。エリクソンは、「だんだん腕が重たくなってきます」の代わりに「だんだん腕が重たくなってくるかも知れません」といった許容的な表現を用いることで、被験者の抵抗を減らすという工夫をしました。そうして被験者が誘導者を信頼し、心を開いてくれるようになると、カウンセリングがスムーズに進みやすくなるのです。

●●● 古典催眠とエリクソン催眠 ●●●

古典催眠

うーん…まだぜんぜん
リラックスしてない
けどなぁ

クライアント

あなたはだんだん
リラックスしてきます。

セラピスト

エリクソン催眠

うん。リラックス
できているかもなぁ。

クライアント

あなたはだんだん
リラックスしてきていることに
気づき始めているかも
しれません。

セラピスト

11-14 瞑想とグラウンディング

コーチ自身が常に心満たされたおだやかな状態でいることで、クライアントの人生をより一層豊かにする、理想のコーチングを行うことができます。そのために有効なのが瞑想であり、グラウンディングなのです。

コーチこそ瞑想を

　人をサポートする仕事についている人の多くは、自分のことを後回しにして、人をサポートすることを優先しがちです。仕事に熱中するあまりバーンアウトしてしまったり、心身のコンディションが不安定になったり、家族との関係がぎくしゃくしてしまうのは、よくありません。自分のために時間を割くことは、決してムダなことでも贅沢なことでもなく、ひいてはクライアントのためになること。自分のコンディションを整えることは、仕事のクオリティを高めるための大切な要素であるといえるでしょう。

　現代人のすべてにいえることですが、とりわけコーチ、カウンセラー、セラピスト、医療関係者といった、人を直接癒したり元気づけたりする仕事に従事する人は、瞑想の時間を持つことで、よりおだやかにニュートラルな気持ちで、人と対峙できるようになります。

　一口に**瞑想**といっても、実にさまざまな流派があります。自分の五感や呼吸に意識を向けて気づきを得る「マインドフルネス瞑想」、深い休息状態と内面の幸福を手に入れるための「超越瞑想」などがポピュラーですが、心身の健康を促進したり、自分の力や真の自己に目覚めたり、神（大いなる存在）とつながることなどが、瞑想の主な目的とされています。時間やコスト、求めている効果、自分の生き方などと照らし合わせて、納得できる所を利用するとよいでしょう。また瞑想に関する書籍もたくさん出版されていますので、一人で行うことも可能です。

グラウンディング

　私たち現代人は頭を使うことが多いので、「地に足がついていない」状態になりやすいといわれています。日々エネルギッシュに生き、関わる人たちにプラスの

11-14 瞑想とグラウンディング

影を与えていくには、自分軸をしっかり持ち、安定感のある「地に足のついた生き方」をする必要があります。そのために有効なのが、瞑想とセットで行われることの多い「**グラウンディング**」です。さまざまな方法がありますが、ここではその一例を紹介しましょう。

①椅子に深く腰掛けます。
②頭のてっぺんから一本の糸で引っ張られているのをイメージし、背筋を伸ばします。
③地球の中心とつながるための「グラウンディング・コード」をイメージします。ゴールドに光り輝く太くてしっかりしたコードが良いでしょう。
④グラウンディング・コードが、会陰部（性別にかかわらず生殖器と肛門の間）から出ているのをイメージします。
⑤そのコードの先端を地球の中心に向かってまっすぐ降ろします。
⑥地球の中心軸にグラウンディング・コードをしっかり結びつけます。
⑦地球と一体になり、地に足のついた状態を味わいます。

●●● グラウンディング ●●●

コーチが学んでいる心理学メソッド・関連手法

Column 9 非言語のメッセージ

　コミュニケーションに大きな影響を与える要素のひとつに"非言語のメッセージ"があります。"非言語のメッセージ"とは、表情や態度、声のトーンなどといった、言葉以外の要素から伝わってくるメッセージのことです。

　コーチは2つの目的でそれを活用しています。まずひとつ目は、クライアントの本心をつかむという目的。コーチは非言語のメッセージを受け取ることができるように、クライアントの表情、態度、声のトーンなどにしっかり意識を向けています。なぜなら非言語のメッセージは、言葉以上に雄弁にその人の本当の気持ちを物語るからです。

　クライアントから非言語のメッセージを受け取ったら、コーチはすかさずセッションの中でそれをフィードバックします。たとえば「プレッシャーだとおっしゃっている割には、何だか楽しそうですね」といった具合です。それによってクライアントは「えっ！？そういわれてみればそうかもしれない！」と気がついたりするのです。

　コーチングを学ぶと、そんな風に相手の状態を感じ取るセンスが磨かれるため、クライアントとのセッションだけでなく、日常会話でも非常に役立ちます。

　ふたつ目の目的は、クライアントが安心してのびのびと話ができる環境づくりです。そこで「あるがままのあなたを受け入れていますよ」という温かいオープンな雰囲気をつくるために、自分の発信している非言語メッセージに気を配ります。たとえば、温かい笑顔で迎えているか、適度なアイコンタクトで安心感や信頼感を与えているか。といった具合です。

　通常私達の表情は、自分の気持ちによって変化しています。しかしコーチをはじめ、コミュニケーションに卓越している人は、相手の気持ちに寄り添いながら話を聴き、相手の変化についていきます。つまり自分の表情・態度を相手と連動させているわけです。

　クライアントが楽しそうに話している時に、コーチがつまらなそうに話を聞いていたら、「共感してくれてないんだな」と思われてしまいます。これは普通の日常会話でも同じこと。人から好感を持たれる人は、寄り添う力、そして非言語のメッセージを活用する能力が高いわけです。

おわりに

　現在、コーチングは部下育成や経営者のサポートだけではなく、教育の現場や子育て、地域社会の活性化などに、大変幅広く活用されています。

　物質的に成熟した変化の激しい時代に生きる私たちは、常にスピードと柔軟性、豊かな発想力を求められています。そんな中でパフォーマンスを上げるためのカギになるのが、周囲の人々とのコミュニケーション、そして自分とのコミュニケーションなのです。

　この本を手にとってくださったみなさんが、お仕事や友人関係、ご家族とのコミュニケーションにコーチングを活かして、さらに幸せで豊かな人生を手に入れられることを、心よりお祈りしております。

　本書の上梓にあたり、執筆の機会とアドバイスをくださった、ホンマ・ドットコムの本間直人氏に心より感謝いたします。また、はじめてコーチングの素晴らしさを体験させてくださった、らーのろじー株式会社の本間正人氏、そしてブリーフセラピー研究会にて学びの機会をくださった山口博三氏、國井あや子氏、松本承子氏、細谷博之氏、大部聡子氏、村野秀子氏に心より厚く御礼申し上げます。またコーチングと出会うきっかけをくださった太礼道宗家・東伯氏、コーチとして起業をサポートしてくださった自由学園教諭・更科幸一氏に、心より感謝いたします。そして改訂版発行にあたり、親切にご指導くださいました、日本ラビングプレゼンス協会代表の高野雅司氏、また貴重なご意見をお寄せいただきましたコーチ仲間の皆様に、心より厚く御礼申し上げます。

2016年9月

著者 谷口 祥子

参考文献

○ソース─あなたの人生の源はワクワクすることにある。マイク・マクマナス著 ヒューイ陽子訳 VOICE

○コーチング・バイブル第2版 人と組織の本領発揮を支援する、協働的コミュニケーション ローラ ウィットワース、キャレン キムジーハウス、ヘンリー キムジーハウス、フィル サンダール著 CTIジャパン訳 東洋経済新報社

○森・黒沢のワークショップで学ぶ解決志向ブリーフセラピー 森俊夫・黒沢幸子著 ほんの森出版

○インプロゲーム 身体表現の即興ワークショップ 絹川友梨著 晩成書房

○コーチングのツボがわかる本 土岐優美著 秀和システム

○よくわかる最新ビジネスコーチングの基本と仕組み E-Trainer.jp著 秀和システム

○催眠誘導 相手の〝心〟にフワリと飛び込む○秘ハイテク術 ジョン・グリンダー／リチャードバンドラー著 小宮一夫訳 星雲社

○NLP ◆超心理コミュニケーション◆神経言語プログラミング 高橋慶治著 第二海援隊

○ナラティブセラピーって何? アリス・モーガン著 小森康永・上田牧子訳 金剛出版

○日経BPムック 実践 仕事ができる人の話し方 日経ビジネスアソシエ特別編集 日経BP社

○セラピスト入門 東豊著 日本評論社

○セラピストの技法 東豊著 日本評論社

○グループ・コーチング入門 本間正人著 日本経済新聞出版社

○図解 ビジネス・コーチング入門「双方向」コミュニケーションへの50の視点 本間正人著 PHP研究所

○私が会社を変えるんですか? AIの発想で企業活力を引き出したリアルストーリー 中島崇昂・本間正人著 日本能率協会マネジメントセンター

○ファシリテーション入門 堀 公俊著 日本経済新聞社

○日本の論点 文藝春秋編 文藝春秋

○部下力-上司を動かす技術 吉田典生著 祥伝社

○お金と幸せを呼び込む魔法の質問 太田清五郎著 きこ書房

○子供の心のコーチング 菅原裕子著 PHP研究所

○思春期の子供の心のコーチング 菅原裕子著 リヨン社

○脳内物質仕事術　樺沢紫苑 著　マガジンハウス

○自己成長の心理学―人間性/トランスパーソナル心理学入門　諸冨祥彦著　コスモスライブラリー

○唯識のすすめ―仏教の深層心理学入門　岡野 守也 著　日本放送出版協会

○2007年2月22日付日本経済新聞「部下の育成法改めて教育」

○FUNAIコンサルティングアカデミー テキスト「船井流経営法」

○ブリーフセラピーの登竜門 若島孔文・生田倫子編著 アルテ

○さあ、才能(じぶん)に目覚めよう―あなたの5つの強みを見出し、活かす マーカス バッキンガム/ドナルド・O・クリフトン著 田口俊樹訳 日本経済新聞社

○紙上ゼミナールで学ぶ やさしい交流分析 今西一仁著 ほんの森出版

○フォーカシング入門マニュアル アン・ワイザー・コーネル著 村瀬孝雄監訳 大澤美枝子訳 金剛出版

○ハコミセラピー ロン・クルツ著 岡健治・高尾浩志・高野雅司訳 星和書店

○アサーショントレーニング―さわやかな「自己表現」のために 平木典子著 日本・精神技術研究所

○心理療法(雑学3分間ビジュアル図解シリーズ) 矢幡著 PHP研究所

○チーム脳にスイッチを入れる! 質問会議 清宮普美代著 PHP研究所

○プロジェクトファシリテーション―クライアントとコンサルタントの幸福な物語 関尚弘・白川克著　日本経済新聞出版社

○ビジネス心理学　https://biz-shinri.com/

○キッズカウンセリングシステム研究会 http://www.kids-cs.jp/about_bps.html

○パフォーマンスシップ ドット コム http://www.performanceship.com/

○株式会社ソリューションフォーカスコンサルティング http://www.solutionfocus.jp/index.html

○ウィキペディア http://ja.wikipedia.org/wiki/

○The Polaris Academy of NLP http://polaris-academy.jp/

○NLP総合ポータル【NLP交差点:跡地 】http://blog.livedoor.jp/key_of_nlp/archives/16352566.html

○NLP研究所 http://www.nlpij.co.jp/whats_nlp/whats_nlp.php

○日本NLP学院 http://www.nlpjapan.com/about/

○NPO法人 日本アクションラーニング協会 http://www.jial.or.jp/

○株式会社ヴォイス http://www.voice-inc.co.jp/documents/source/workshop.html

○EQジャパン http://www.eqj.co.jp/

○TOMAS http://primelabo.jp/tomas/index.asp

○ジョブカフェ・サポートセンター http://www.jobcafe-sc.jp/

○学校法人産業能率大学レポート http://www.sanno.ac.jp/research/pdf/yutori2009.pdf

○産業競争力懇談会2010年度研究会最終報告 http://cocn.jp/common/pdf/thema34.pdf

○日本ブリーフセラピー協会 http://www.brieftherapy-japan.com/

○株式会社アスク・ヒューマン・ケア http://www.a-h-c.jp/

○株式会社エムマインド http://www.mmind.co.jp/

○オブラブ http://objectclub.jp/

○ワクワクライフコーチ宇野紳一公式サイト http://lifecoach-uno.com/

○日経アソシエインタビュー：トム・ラス&勝間和代【特別対談1】http://www.nikkeibp.co.jp/article/nba/20090219/186713/

○日本ヒプノセラピー協会 http://www.hypnopotential.com/hypno-navi/what.html

○ヒプノセラピー シェア http://www.hypnoshare.com/zenseiryouhou/taikou.html

○株式会社ヒューマンバリュー http://www.humanvalue.co.jp/service/al/02.html

○日経BP社〈IT PRO〉http://itpro.nikkeibp.co.jp/article/JIREI/20101005/352598/

○インプロジャパン http://www.impro.jp/guidebook/g_top.html

○株式会社日本・精神技術研究所 http://assertion.jp/person/assertion/index.html#a02

○日本ハコミ・エデュケーション・ネットワーク http://hakomi-jhen.com/

○大阪ハコミセラピースクール http://hakomi-osaka.com/

○日本ラビングプレゼンス協会 http://loving-presence.net/

○ゲシュタルト療法（チーム医療）http://www.iryo.co.jp/gestalt/

○即興表現研究会マグノリア http://pt-magnolia.com/psychodrama.htm

○T&Aこころ・ふくし相談所 http://suponta.web.fc2.com/dorama/dorama.html

○ITmedia オルタナティブブログ【An Agile Way アジャイルに行こう!】http://blogs.itmedia.co.jp/hiranabe/

索引

Index

数字

34の強み 252

アルファベット

AC. 256
AI. 149
BFTC. 236
CLOSE QUESTION 105
Coach University 16
CP 256
CTIジャパン 16
Do Something Different 208
EQ. 246
EQI判断 246
FC. 256
ICF. 18
Iメッセージ 73, 106, 134, 136
NLP 24, 232
Not Knowingアプローチ 140
NP 256
OPEN QUESTION 105
SGE. 256
Solution Focused Approach . . . 121, 208
TEG. 256
YESセット 46
Your Perfect Right 260
YOUメッセージ 73, 106

あ行

アイコンタクト. 64
あいづち. 64
アイメッセージ 73, 106, 134, 136

アウトプット .180
アクション・ラーニング 242
アクションプラン 54
アグレッシブ. 260
アサーション. 260
アサーティブ .260
アドラー心理学 228
あなたの完全な権利. 260
アファメーション 248
アンカリング .233
言い訳. 166
イエスアンド .255
意見 86
意識 100
イメージ 116
医療機関. 154
インスー・キム・バーグ. 236
インタビュー力 104
インナー・ゲーム 16
インプロ 254
うなずき 64
エゴグラム. 256
エリクソン催眠 266
エリック・バーン 256
おうむ返し 154, 65
オープン・クエスチョン 74
お試しセッション 166
お手本. 172
思い込み. 20

か行

カール・ロジャーズ 226
解決志向. .38, 76

解決志向アプローチ	208	現状整理	48
外在化	84, 239	好意返報性の法則	32
介入	237	貢献	162
会話	126	行動計画	54
カウンセリング	24	公表	214
カスタマータイプ	236	交流分析	190, 256
桂式自己成長エゴグラム	256	コーチ21	16
家庭環境	174	コーチ型メンター	143
可能性	76	コーチング	16
壁	198	コーチングの3原則	109
空っぽ	98	コーピング・クエスチョン	237
環境	102	ゴールメンテナンス	237
観察	187	五感	80
観察力	222	国際コーチ連盟	18
感謝	130	心の声	80
感情	60	古典催眠	266
関心	90	コミット	122
間接的にほめる	132	コミュニケーション	88
願望	78	コミュニケーションルートを変える	
聴き方	92		235
期待感	136	コンサルタント型メンター	143
気付き	72	コンサルティング	26
客観視	84	コンプレイナントタイプ	236
ギャップ	46		
キャリブレーション	232	**さ行**	
共感	38	催眠療法	266
共感的理解	226	サバイバル・クエスチョン	237
具体化	78	サンドイッチ話法	136
グラウンディング	268	叱り方	136
グループ・コーチング	242	時間	44
クレーム	177	自己洞察	210
グレゴリー・ベイトソン	234	自己表現	93, 254
クローズド・クエスチョン	74	指示型	226
黒子	86	資質	38
傾聴	64	自助作業	177
ゲシュタルト療法	230	姿勢	174
ケン・ウィルバー	258	叱り方3原則	188

索引

質問	74, 76
質問でほめる	134
視点	82, 174, 196
自発性	179, 118
自発力	216
自分ごと	150
自問自答	30
視野	159
習慣的行動	128
自由な子供	256
主体的	184
守破離	22
順応的な子供	256
上司	146
承認	70, 132
商品	158
職場	148
ジョン・メイヤー	246
自律意識	184
進化段階論	259
神経言語プログラミング	232
神経伝達物質	20
人材	150
数値化	124
スキル	64
スケーリング・クエスチョン	124, 237
ストレングスファインダー	252
スペース	44
成功体験	53, 194
セルフイメージ	212
宣言	214
潜在能力	195
先入観	94
ソース	250
ソリューション・フォーカスト・アプローチ	24, 236

た行

体験	218
棚卸効果	34
短期家族療法	234
長所伸長法	186
治療前変化	237
強み	252
提案	86
ティーアップ効果	132
ティーチング	22
ティモシー・ガルウェイ	16
テーマ	48
ド・シェイザー	236
投影	150
同情	38
東大式エゴグラム	256
ドナルド・O・クリフトン	252
トランス状態	266
トランスパーソナル	259
トランスパーソナル心理学	258

な行

内的会話	68
ナポレオン・ヒル博士	172
ナラティブ・セラピー	84, 140, 238
逃げ道	198
人間関係	222
ネバ・ボイド	254
脳科学	20
望み	78
ノリ	102
ノンアサーティブ	260
ノンバイオレンス	262

は行

パーソナル	259
パートナー	36

277

ハコミセラピー 262
バックトラッキング 154
パラドキシカル・アプローチ 235
パワフル・クエスチョン 74
反応 64
ピーター・サロベイ 246
ピグマリオン効果 182
非言語 270
被験者 266
ビジタータイプ 236
美点凝視 138
批判的な親 256
ヒプノセラピー 266
ファシリテーション 181, 244
ファシリテーター 244
フィードバック 72
フェルトセンス 264
フォーカシング 264
プラスのストローク 190
ブリーフ・セラピー 24
ブリーフセラピー 232, 234
プレパーソナル 258
プロジェクトファシリテーション...244
ペーシング 66, 160
変性意識状態 266
ポジション・チェンジ 231
ほめ方 130
ほめ効果 132

ま行

マイク・マクナマス 250
マイケルJ. マーコード 242
マインドセット 38
マインドフルネス 262
学び 180
ミッション 169

ミラーリング 66, 160
未来志向 76
ミラクル・クエスチョン 236
ミルトン・エリクソン 234, 267
虫退治 84
瞑想 268
目上の人 134
面接 236
メンター制度 142
目標設定 50
目標達成 24
モンスターペアレント 176
問題解決 24

や行

ユージン・ジェンドリン 264
誘導尋問 22
夢 110
養育的な親 256
要望 156
欲求段階説 130

ら行

来談者中心療法 226
ラビングプレゼンス 262
リソース 52
リフレーミング...........82, 174, 234
リマインダー 56
リラックス 46
例外探し 237
レッテル効果 114, 138
劣等感 228
練習 58

著者紹介

谷口 祥子（たにぐち よしこ）

株式会社ビィハイブ代表取締役

思いこみクリアリングカウンセラー、ほめ方の伝道師。1967年生まれ。京都府出身。東京都在住。同志社大学文学部卒。

8年間コピーライターとして活動後、携帯コンテンツ事業の立ち上げに参画。

過去に対人恐怖などを経験し未来に希望が持てずにいたが、コーチングに出逢い、世界観や人生観が激変。多くの人々に「明るい未来は自分でつくることができる」ことを伝えるべく2004年にコーチング事業をスタート。

ほめ方の伝道師として、フジテレビ「エチカの鏡」、NHK「ゆうどきネットワーク」、「ドラクロワ」、日テレ「ZIP！」、朝日放送「おはよう朝日です」などのテレビ番組やラジオ番組に出演、日経産業新聞「はじめてのコーチング」の連載、「日経アソシエ」「PHP Business THE21」他雑誌への寄稿も多数。

現在は、コーチングメソッドをベースに、交流分析、ゲシュタルト療法などを組み合わせた独自のプログラムを用い、「思いこみクリアリングカウンセラー」として活動中。人に対する苦手意識やセルフイメージを下げる思い込みを根こそぎ解消し、人の持つ限りない可能性を引き出すアプローチで、数多くのクライアントを悩みから解放。仕事の成果や人間関係に大きな変化をもたらしている。また、経営者や管理職を対象に、最新の心理学メソッドを用いたほめ方やモチベーションアップ、ストレスマネジメントなどに関する講演・研修なども精力的に行っている。

ミッションは＜すべての人が自分を愛し、人を愛し、人と人がしあわせにつながる世界をつくる＞こと。著者として、講演家として、ホンモノの情報を分かりやすく伝え、幸せなふれあいに満ちた世界をつくるのが夢。

著書に「あたりまえだけどなかなかできない　ほめ方のルール」(明日香出版社)、「口ベタでもうまくいく！ほめ方の極意」(講談社)、「自分ホメ〜毎日が100％輝く魔法の言葉〜」(集英社)、「心のブレーキを解除して、思いっきり！動けるようになる本」(明日香出版社)、「ポケット図解　コーチングがよ〜くわかる本」(秀和システム)などがある。

■ビィハイブ公式サイト：http://bee-hive.biz/

■無料メール講座「思いこみをクリアにして、しあわせな未来を手に入れる7つのステップ」：http://bee-hive.biz/clearing/

図解入門ビジネス
最新 コーチングの手法と実践が
よ〜くわかる本 [第3版]

発行日	2016年 9月 20日	第1版第1刷
	2019年 6月 5日	第1版第3刷

著 者 谷口 祥子

発行者　斉藤　和邦

発行所　株式会社 秀和システム
〒104-0045
東京都中央区築地2丁目1−17　陽光築地ビル4階
Tel 03-6264-3105（販売）　Fax 03-6264-3094

印刷所　三松堂印刷株式会社　　　　　　Printed in Japan

ISBN978-4-7980-4779-9 C2034

定価はカバーに表示してあります。
乱丁本・落丁本はお取りかえいたします。
本書に関するご質問については、ご質問の内容と住所、氏名、
電話番号を明記のうえ、当社編集部宛FAXまたは書面にてお
送りください。お電話によるご質問は受け付けておりませんの
であらかじめご了承ください。